lonely planet

# MILAN ET LES LACS

## EN QUELQUES JOURS



Paula Hardy

# Dans ce guide

## L'essentiel

Pour aller droit au but et découvrir la ville et les lacs en un clin d'œil.

**Les basiques**
À savoir avant de partir

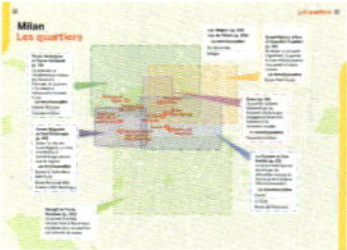


**Les quartiers**
Se repérer

## Explorer Milan

Sites et adresses quartier par quartier.

**Les incontournables**
Pour tirer le meilleur parti de votre visite

**100% milanais**
Vivre comme un habitant

## Milan selon ses envies

Les meilleures choses à voir, à faire, à tester...

**Les plus belles balades**
Découvrir la ville à pied

**Envie de...**
Le meilleur de Milan et les lacs

## Carnet pratique

Trucs et astuces pour réussir votre séjour.

**Hébergement**
Une sélection d'hôtels

**Transports et infos pratiques**

# L'essentiel



## Bienvenue à Milan !

Ville italienne du futur, Milan est une métropole fébrile ayant érigé la créativité en commerce florissant, l'élégance en priorité et l'*aperitivo* de fin de journée en art de vivre. Cette ville n'en possède pas moins des origines anciennes et de fantastiques trésors, à découvrir sans les nuées de touristes des autres villes italiennes. Le week-end, joignez-vous à l'exode urbain vers les belles demeures et les jardins en terrasses des lacs alentour.

Le Duomo (p. 26)
RICHARD I'ANSON/GETTY IMAGES ©

# Milan et les lacs
# Les incontournables

## Le Duomo (p. 26)

Sa façade intemporelle en marbre et sa forêt de flèches et de pinacles perçant le ciel font de la splendide cathédrale gothique de Milan un véritable musée de sculptures en plein air.

## Le Museo del Novecento (p. 32)

La remarquable collection milanaise d'art du XXe siècle a finalement l'écrin qu'elle méritait à l'Arengario, réaménagé par l'architecte contemporain Italo Rota, avec vue sur la cathédrale depuis les baies vitrées.

## Teatro alla Scala (p. 30)

Les loges et les balcons répartis sur six niveaux ornés de dorures et de tissu cramoisi accueillent un public tout aussi apprêté (du moins le soir). À défaut d'assister à une représentation, visitez le musée.

## Le Museo Poldi Pezzoli (p. 46)

Les appartements à la décoration du XIXe siècle de Giacomo Poldi Pezzoli abritent sa collection inestimable d'art Renaissance, offrant une plongée unique dans l'âge d'or du mécénat au XIXe siècle.

## Le Museo Nazionale della Scienza e della Tecnologia (p. 94)

Le musée des Sciences et des Technologies est l'un des plus beaux musées d'Italie, entre expositions interactives et maquettes des machines du génial inventeur Léonard de Vinci.

CUBOIMAGES SRL / ALAMY ©

## Bellagio (p. 128)

Après une balade dans le lacis des rues de Bellagio et ses jardins fleuris de rhododendrons, passez l'après-midi au bord du lac en dégustant une bouteille de vin local mamete prevostini opera bianco. Que demander de plus ?

PAOLO CORDELLI / GETTY IMAGES ©

## La Triennale di Milano (p. 78)

La créativité milanaise est étroitement liée à l'industrie de la mode et du design. Inauguré en 1933, ce vaste espace d'exposition continue à présenter le travail des plus brillants architectes et designers italiens.

## La Basilica di Santa Maria delle Grazie (p. 92)

Épargnée par les bombardements alliés grâce à des sacs de sable, *La Cène* de Léonard de Vinci, l'un des tableaux les plus célèbres au monde, orne le mur du réfectoire de cette église.

## La Pinacoteca di Brera (p. 60)

Fondée au XVIII^e siècle parallèlement aux prestigieux Beaux-Arts, la pinacothèque recèle les outils pédagogiques de l'époque : une précieuse collection de toiles de grands maîtres, de Titien au Tintoret, de Véronèse aux frères Bellini.

## Les îles Borromées (p. 118)

Façonnées pour évoquer un vaisseau, avec une villa à la proue et des jardins étagés en 10 terrasses à l'arrière, l'Isola Bella et l'Isola Madre constituaient des îles féeriques pour la noblesse.

## Le Castello Sforzesco (p. 76)

Longtemps fief des ducs de Milan, le château des Sforza abrite désormais les musées municipaux. Les murs hérissés de 12 bastions de l'une des plus grandes forteresses d'Europe couraient jadis sur 3,5 km.

# 100 % milanais
# Vivre comme un habitant

*Conseils d'initiés pour découvrir le vrai Milan*

Si les Milanais n'ont pas toujours du temps à consacrer aux touristes, trop occupés qu'ils sont à refaire le monde, ils partagent en revanche volontiers leurs passions avec ceux qui sont disposés à prendre le train en marche : shopping pointu, galeries d'art contemporain ou encore bonheur d'accompagner une assiette de produits locaux d'un bon cocktail Negroni le long des paisibles Navigli.

## Virée shopping (p. 48)

- Boutiques de mode
- *Palazzi* d'époque

Plus de 500 marques de luxe se disputent les 6 000 m² de rues pavées du Quadrilatero d'Oro, vitrine de la haute couture par excellence. Si Armani, Bulgari et D&G ont fait le tour du monde, le "Quad" accueille aussi des ateliers d'époque et des corporations ancestrales.

## Le Parco Sempione (p. 80)

- Cafés en terrasse
- Parties de frisbee

Avec ses allées sinueuses, son joli plan d'eau et ses pelouses, ce parc très apprécié est une oasis de verdure au cœur de Milan. Joignez-vous aux coureurs, aux joueurs de frisbee, aux couples et aux employés de bureau à la terrasse des cafés et observez ce véritable tableau de genre.

## Les canaux (p. 104) X

- *Trattorie* traditionnelles
- Bars à l'heure de l'apéritif

Milan était autrefois délimité par son réseau de canaux, par la suite délaissés au XXe siècle. Aujourd'hui, certaines des meilleures *trattorie* de la ville, des ateliers d'artiste, des bars et des discothèques jalonnent le Naviglio Grande et le Naviglio Pavese. Le week-end, les Milanais viennent y chiner et s'y promener au soleil.

## Zona Tortona (p. 114)

- Studios de design
- Piscine du Parco Solari

Cet ancien quartier de logements ouvriers et d'usines s'étend de l'autre côté du pont couvert de graffitis qui enjambe les rails à Porta Genova. Désormais investi par les boutiques, les ateliers et les sièges de marques de mode, on y croise les designers de demain.

MERE MILAN-ITALY / ALAMY ©

Soirée aux Navigli (p. 110)

Dîner au bord du Naviglio Grande (p. 105)

DANITA DELIMONT/GETTY IMAGES ©

**Autres lieux pour vivre le Milan des Milanais**

- L'Idroscalo (p. 40)
- Chinatown (p. 87)
- Fondazione Prada (p. 108)
- *Aperitivo* au Pandenus (p. 53)
- Stade San Siro (p. 98)
- Gelateria Marghera (p. 99)
- Pescheria da Claudio (p. 67)
- Marché de Cannobio sur les rives du lac Majeur (p. 117)

# Milan et les lacs en 4 jours

## 1er jour

Si vous ne restez qu'un jour à Milan, concentrez-vous sur les sites principaux. Commencez la journée tôt par un café et une brioche à la crème chez **Princi** (p. 67) avant de monter sur le toit du **Duomo** (p. 26) d'où vous aurez une vue imprenable sur la ville. Visitez ensuite le **Museo del Novecento** (p. 32) dédié à l'art du XXe siècle avant de déjeuner, au 3e étage, chez **Giacomo Arengario** (p. 33) sur la terrasse face aux flèches extravagantes de la cathédrale.

Traversez la **Galleria Vittorio Emanuele II** (p. 34), en vous arrêtant devant la toute première boutique Prada et devant **le Teatro alla Scala** (p. 30) sur le chemin du **Castello Sforzesco** (p. 76), une forteresse en briques rouges. Allez admirer les fresques et l'émouvante *Pietà Rondanini*, dernière sculpture de Michel-Ange, dans les appartements des ducs puis gagnez la terrasse du **Bar Bianco** (p. 81), dans le parc, à l'heure de l'*aperitivo*.

Participez (sur réservation) à une visite guidée en soirée du réfectoire faiblement éclairé où se niche **La Cène** (p. 93) avant de regagner la Piazza del Duomo pour dîner au restaurant étoilé **Trussardi alla Scala** (p. 36).

## 2e jour

Après avoir avalé un café chez **Cova** (p. 48), une adresse historique du Quadrilatero d'Oro, écumez les boutiques de luxe aux jolies vitrines du quartier, non sans faire quelques petites emplettes comme des gants de couleurs vives chez **Sermoneta** (p. 57) ou des chaussettes à rayures chez **Gallo** (p. 57). Terminez par la visite, Via Manzoni, de l'hôtel particulier de **Gian Giacomo Poldi Pezzoli** (p. 46) en retenant votre souffle devant la somptueuse décoration et d'inestimables œuvres d'art de la Renaissance.

Déjeunez au **Salumaio** (p. 49), dans la cour intérieure du Palazzo Bagatti Valsecchi. Rejoignez la Via Mozart et découvrez derrière les hauts murs de la **Villa Necchi Campiglio** (p. 35), à l'architecture moderniste, la vie aristocratique des années 1930 de Nedda et Gigina Necchi. La maison est pleine d'objets du quotidien : brosses à cheveux et bagages monogrammés, placards de cuisine remplis de vaisselle, robes en soie parfaites pour une soirée à la Scala.

Prenez le tramway n°9 jusqu'aux Navigli (p. 104), point de rencontre des Milanais pour un apéritif au coucher du soleil. Faites suivre un dîner à la table estampillée Slow Food **Le Vigne** (p. 109) d'un concert à **La Salumeria della Musica** (p. 112).

**Votre temps vous est compté ?**
Nous avons concocté pour vous des itinéraires détaillés qui vous permettront d'optimiser le peu de temps dont vous disposez.

## 3e jour

Où que vous logiez, faites le déplacement jusqu'à **Gattullo** (p. 109) ou **Biffi Pasticceria** (p. 99) pour petit-déjeuner de *sfogliatelle* à la crème et de tartes aux fraises. Cap ensuite à l'ouest pour une matinée au **Museo nazionale della Scienza e della Tecnologia** (p. 94). En route, jetez un œil au cloître de l'Università del Sacro Cuore décoré par Bramante et aux trésors médiévaux de la **Basilica di Sant'Ambrogio** (p. 97). Entre les maquettes de machines de Léonard de Vinci et les astrolabes vénitiens du XVIIe siècle, faites une pause au **Bar Magenta** (p. 99).

Après un panini, prenez le temps de contempler le cycle de fresques de Bernardino Luini à la **Chiesa di San Maurizio** (p. 97). Au fond du couvent, vous pouvez aussi admirer une superbe Arche de Noé et son bestiaire. De là, direction le **Parco Sempione** (p. 80). Par temps dégagé, grimpez en haut de la **Torre Branca** (p. 81) offrant une vue à 360° degrés, puis testez le buffet apéritif design de la Triennale di Milano.

Terminez la journée dans le quartier de Brera aux jolies rues pavées par un festin milanais au **Ristorante Solferino** (p. 66) ou un dîner à la charmante **Latteria di San Marco** (p. 66).

## 4e jour

Prenez le train pour Stresa (lac Majeur) ou pour Côme où la Passeggiata Lino Gelpi bordée de belles maisons mène à la **Villa Olmo** (p. 132), réputée pour ses expositions artistiques. De Stresa, rejoignez les **îles Borromées** (p. 118) en bateau pour découvrir leurs splendides palais et jardins donnant sur le lac. Déjeunez de spécialités lacustres traditionnelles au **Ristorante Il Vicoletto** (p. 124) à Stresa ou à **Crotto del Sergente** (p. 135) à Côme.

Consacrez l'après-midi à décompresser (c'est les vacances !) en explorant les serres au milieu des tulipes et des camélias de la **Villa Taranto** (p. 122) ou louez une chaise longue au bord de la piscine au Lido de la Villa Olmo. Montez ensuite en téléphérique jusqu'au **Monte Mottarone** (p. 122) depuis le lac Majeur ou jusqu'à **Brunate** (p. 132) depuis le lac de Côme pour jouir d'une vue panoramique sur les bourgs et le lac.

Fatigué mais heureux, reprenez le train pour Milan et terminez en beauté par un excellent cocktail à la liqueur vintage et un délicieux buffet de sushis au **Bulgari Hotel** (p. 68).

# Les basiques

Pour plus d'informations, consultez le Carnet pratique (p. 157)

**Monnaie**
Euro (€)

**Langue**
Italien

**Formalités**
Carte d'identité ou passeport pour les ressortissants européens. Exemption de visa pour les Canadiens séjournant moins de trois mois.

**Argent**
Nombreux DAB. Cartes bancaires acceptées dans la plupart des restaurants et des hôtels.

**Téléphones portables**
Cartes SIM italiennes utilisables sur les mobiles européens. Les Canadiens vérifieront auprès de leur opérateur.

**Heure locale**
Milan se trouve sur le même fuseau horaire que Paris et Bruxelles.

**Prises et adaptateurs**
Les prises italiennes ont deux ou trois fiches rondes, le courant fonctionne en 220 V/50 Hz et parfois en 125 V dans les vieux immeubles.

**Pourboire**
Au restaurant, si le service n'est pas compris dans l'addition, comptez 10% de pourboire. Au café, quelques pièces jaunes suffisent (0,10-0,20 €). Les Italiens laissent rarement des pourboires aux chauffeurs de taxi.

## 1 Avant de partir

### Budget quotidien

**Moins de 100 €**

- Dortoirs 15-25 €
- Excellents marchés et traiteurs
- *Aperitivo* et buffet à volonté 8-15 €

**De 100 € à 180 €**

- Chambre double à l'hôtel 120-180 €
- Déjeuner entrée-plat ou plat-dessert avec verre de vin dans une trattoria 25-35 €

**Plus de 180 €**

- Chambre double dans un quatre-étoiles 220-500 €
- Dîner dans un restaurant étoilé 150 €
- Places en catégorie supérieure à la Scala 85-210 €

### Sites Web

**Lonely Planet** (www.lonelyplanet.fr). Renseignements sur l'Italie et Milan, forum, etc.

**Office du tourisme de Milan** (www.turismo.comune.milano.it). Portail officiel.

**Vivimilano** (www.vivimilano.it). Site du *Corriere della Sera* sur les restaurants et les événements culturels.

**Milano2Night** (http://milano.tonight.eu). Les dernières adresses de bars et pour l'*aperitivo*.

### À prévoir

**Trois mois avant** Réservez vos billets pour *La Cène* et la Scala. Durant la Fashion Week ou le Salon du meuble, réservez votre hôtel.

**Un mois avant** Réservez une table dans un grand restaurant et des billets de football. Prenez rendez-vous pour la confection de vêtements sur mesure.

**Une semaine avant** Inscrivez-vous sur la *guest-list* de Plastic's London Loves.

## 2 Arriver à Milan

La plupart des visiteurs arrivent par les aéroports Malpensa ou Linate, ou par la Stazione Centrale, la gare principale. De là, ils prennent les transports en commun ou le taxi. Le train Malpensa Express relie l'aéroport de Malpensa à la gare principale et à celle de Cadorna.

### Milan Malpensa

| Destination | Meilleur moyen de transport |
|---|---|
| Piazza del Duomo | Malpensa Express pour la Stazione Centrale, métro MM3 jusqu'au Duomo |
| Parco Sempione | Malpensa Express jusqu'à Cadorna |
| Navigli | Malpensa Express pour Cadorna, métro MM2 jusqu'à Porta Genova |
| Lac Majeur | Malpensa Express jusqu'à la Stazione Centrale puis train pour Stresa |
| Lac de Côme | Malpensa Express pour Cadorna, puis train pour Como Nord Lago (station FNM) |

### Milan Linate

| Destination | Meilleur moyen de transport |
|---|---|
| Piazza del Duomo | Bus ATM jusqu'à Piazza San Babila, métro MM1 jusqu'au Duomo |
| Quadrilatero d'Oro | Bus ATM ou taxi pour la Piazza San Babila |
| Navigli | Bus ATM jusqu'à Piazza Risorgimento, tramway 9 jusqu'à Porta Genova |
| Lac Majeur | Taxi ou bus pour la Stazione Centrale puis train pour Stresa |

## 3 Comment circuler

Les transports en commun milanais sont abordables et efficaces. Tous les sites touristiques sont accessibles à pied, en métro ou en tramway. Le mieux consiste à acheter un billet un/deux jours offrant un nombre de trajets illimités en bus, en tramway et en métro.

### M Métro

Le réseau du métro compte trois principales lignes souterraines (la MM1 rouge, la MM2 verte et la MM3 jaune). La ligne bleue Passante Ferroviario dessert la banlieue. Les rames circulent de 6h à minuit. Le ticket (1,50 €) est valable pour un trajet en métro ou bien un trajet de 90 min avec correspondance en bus ATM et en tramway. Le ticket un/deux jours valable en illimité dans le bus, le tramway et le métro revient à 4,50/8,25 €. Les tickets s'achètent dans le métro, chez les buralistes ou les marchands de journaux. Validez votre ticket pour horodatage dans le bus et le tramway.

### Tramway

Les tramways, du vieux véhicule orangé bruyant cher aux Milanais datant du début du XX$^{e}$ siècle à des modèles modernes, quadrillent la ville. Ils ont approximativement les mêmes horaires que le métro. Achetez vos tickets à l'avance et compostez-les à bord. Les lignes principales incluent la 1, la 2 et la 3 (Duomo), la 9 (tour de la ville jusqu'à Porta Genova) ainsi que la 29 et la 30 (périphérique intermédiaire et Porta Venezia).

### Taxi

Les taxis ne se hèlent pas dans la rue. Il faut les prendre aux bornes ou en réserver par téléphone (02 40 40, 02 69 69 ou 02 85 85). Le compteur se met en route dès réception de l'appel et non au moment de la prise en charge. Comptez en moyenne 10 € pour une petite course en ville.

# Milan
# Les quartiers

### Parco Sempione et Porta Garibaldi (p. 72)

Caractérisés par l'emblématique château des Sforza et la Triennale, ces quartiers à l'architecture intéressante s'animent la nuit.

**Les incontournables**

Castello Sforzesco

Triennale di Milano

### Corso Magenta et Sant'Ambrogio (p. 90)

Autour du très chic Corso Magenta, *La Cène* et la Basilica di Sant'Ambrogio attirent tous les regards.

**Les incontournables**

Basilica di Santa Maria delle Grazie

Museo Nazionale della Scienza e della Tecnologia

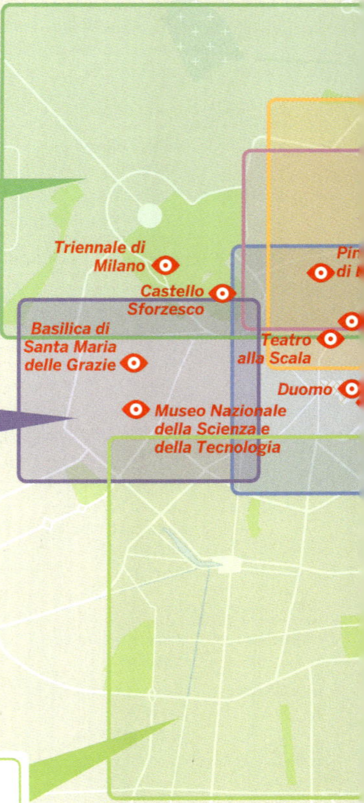


### Navigli et Porta Romana (p. 102)

Les jeunes branchés viennent faire la fête et leurs emplettes dans ces quartiers sud sillonnés de canaux.

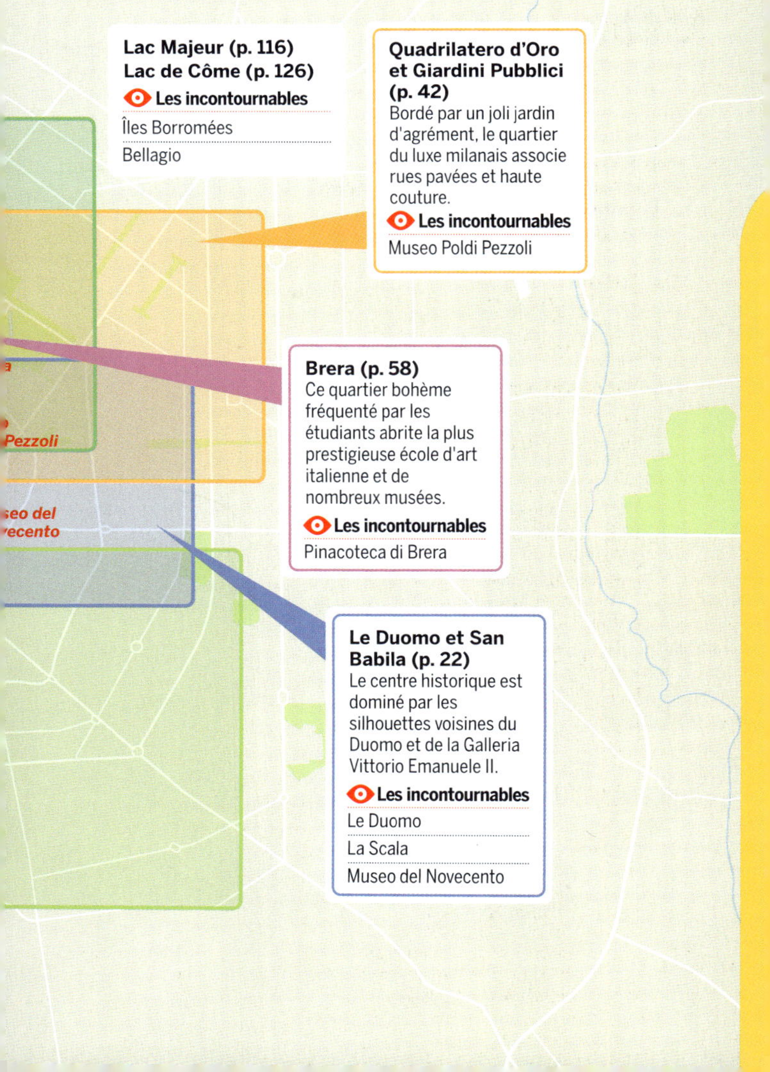


**Lac Majeur (p. 116)**
**Lac de Côme (p. 126)**

**Les incontournables**

Îles Borromées

Bellagio

**Quadrilatero d'Oro et Giardini Pubblici (p. 42)**

Bordé par un joli jardin d'agrément, le quartier du luxe milanais associe rues pavées et haute couture.

**Les incontournables**

Museo Poldi Pezzoli

**Brera (p. 58)**

Ce quartier bohème fréquenté par les étudiants abrite la plus prestigieuse école d'art italienne et de nombreux musées.

**Les incontournables**

Pinacoteca di Brera

**Le Duomo et San Babila (p. 22)**

Le centre historique est dominé par les silhouettes voisines du Duomo et de la Galleria Vittorio Emanuele II.

**Les incontournables**

Le Duomo

La Scala

Museo del Novecento

PRADA
PRADA

# Explorer
# Milan et les lacs



## Vaut le détour



Galleria Vittorio Emanuele II (p. 34)
PAOLO CORDELLI/GETTY IMAGES ©

Explorer

# Le Duomo et San Babila

Le centre de Milan est de dimensions réduites. La superbe cathédrale (*duomo*) s'élève sur une vaste place investie par les touristes et les vendeurs ambulants. De là, vous pouvez orienter vos visites vers la spiritualité, le shopping, l'art ou la musique ou combiner les quatre à la Galleria Vittorio Emanuele II, à la Scala et au Palazzo Reale. Plus à l'ouest, les showrooms de design bordent la Piazza San Babila.

## L'essentiel en un jour

Filez de bon matin au **Duomo** (p. 26) pour profiter du sublime spectacle de la lumière matinale filtrant à travers les vitraux. Baladez-vous sur les parapets hérissés de gargouilles d'où, par beau temps, on aperçoit parfois les Alpes à l'horizon. Commandez ensuite un café *marocchino* crémeux et une brioche à l'élégant **Giacomo Caffè** (p. 37), sous les arcades du Palazzo Reale (p. 34).

Au déjeuner, goûtez au célèbre risotto milanais au safran au **Peck Italian Bar** (p. 37) avant de découvrir la vitrine du modernisme milanais au **Museo del Novecento** (p. 32). Empruntez l'escalier en spirale pour admirer les toiles futuristes d'Umberto Boccioni et les touchantes statues en terre cuite d'Arturo Martini. Terminez par un cocktail chez **Giacomo Arengario** (p. 33), au 3e étage du musée, avec vue imprenable sur les flèches du Duomo, avant de rejoindre la **Galleria Vittorio Emanuele II** (p. 34) et ses boutiques très fréquentées.

En fin de journée, allez prendre un verre au **Straf Bar** (p. 37) à l'ambiance résolument décontractée et jetez un œil à la programmation du **Piccolo Teatro** (p. 38). Pour les ballets et les opéras du **Teatro alla Scala** (p. 30), en revanche, il faut réserver ses places bien à l'avance.

## Les incontournables

Le Duomo (p. 26)

Museo del Novecento (p. 32)

Teatro alla Scala (p. 30)

## Le meilleur du quartier

### Histoire

Le Duomo (p. 26)

Biblioteca e Pinacoteca Ambrosiana (p. 34)

### Architecture

Le Duomo (p. 26)

Villa Necchi Campiglio (p. 35)

Chiesa di Santa Maria (p. 34)

### Restaurants

Ristorante da Giacomo (p. 36)

Trattoria da Pino (p. 36)

### Culture

Teatro alla Scala (p. 30)

Piccolo Teatro (p. 38)

## Comment y aller

**M Métro** La ligne rouge (MM1) dessert le Duomo. L'arrêt suivant permet de sortir Piazza San Babila.

**Tram** De nombreux tramways s'arrêtent Piazza Duomo. Les lignes 1, 2 et 3 couvrent le nord et le sud de la ville.

A
B
C
D
1
2
3
4
5
BRERA
DUOMO
Teatro alla Scala
Galleria Vittorio Emanuele II
Duomo
Museo del Novecento
Palazzo Reale
Biblioteca e Pinacoteca Ambrosiana
Chiesa di Santa Maria Presso di San Satiro
Chiesa di San Bernardino alle Ossa
Museo Poldi Pezzoli
Palazzo Marino
Palazzo Arcivescovile
Torre Velasca
Università Statale
Giardini Pubblici
Giardino della Guastalla
Parco delle Basiliche
Policlinico
Lanza
Cairoli
Cordusio
Duomo
Montenapoleone
San Babila
Missori
Foro Buonaparte
Via Pontaccio
Via Fiori Chiari
Via Mercato
Via Ponte Vetero
Via Fatebenefratelli
Piazza Cavour
Via della Spiga
Via dei Giardini
Via Borgospesso
Via Santa Spirito
Via Gesù
Via Sant'Andrea
Via Bagutta
Via Bigli
Via Pietro Verri
Via Alessandro Manzoni
Via Brera
Via dell'Orso
Via Broletto
Via Cusani
Via Rovello
Via Dante
Piazza Castello
Via San Tomaso
Via Meravigli
Via Porrone Bassano
Via Giuseppe Mengoni
Piazza della Scala
Via Ulrico Hoepli
Corso G Matteotti
Piazza del Liberty
Corso Europa
Piazza Beccaria
Via Orefici
Via Cantù
Piazza del Duomo
Via S Paulo
Via Brisa
Piazza Pio XI
Piazza Pio XI
Via P Reale
Via Verziere
Via Rastrelli
Piazza Diaz
Via San Maurilio
Via Torino
Via Nerino
Via S Giorgio
Via Larga
Via A Albricci
Via Festa del Perdono
Piazza Velasca
Corso di Porta Romana
Corso Italia
Via Amadei
Via Olmetto
Via Stampa
Via S Vito
Via UrbanoII
Piazza Vetra
Via Francesco Sforza
1
2
3
4
6
10
11
12
13
14
15
16
18
19
20
21
22
24
25
26
27

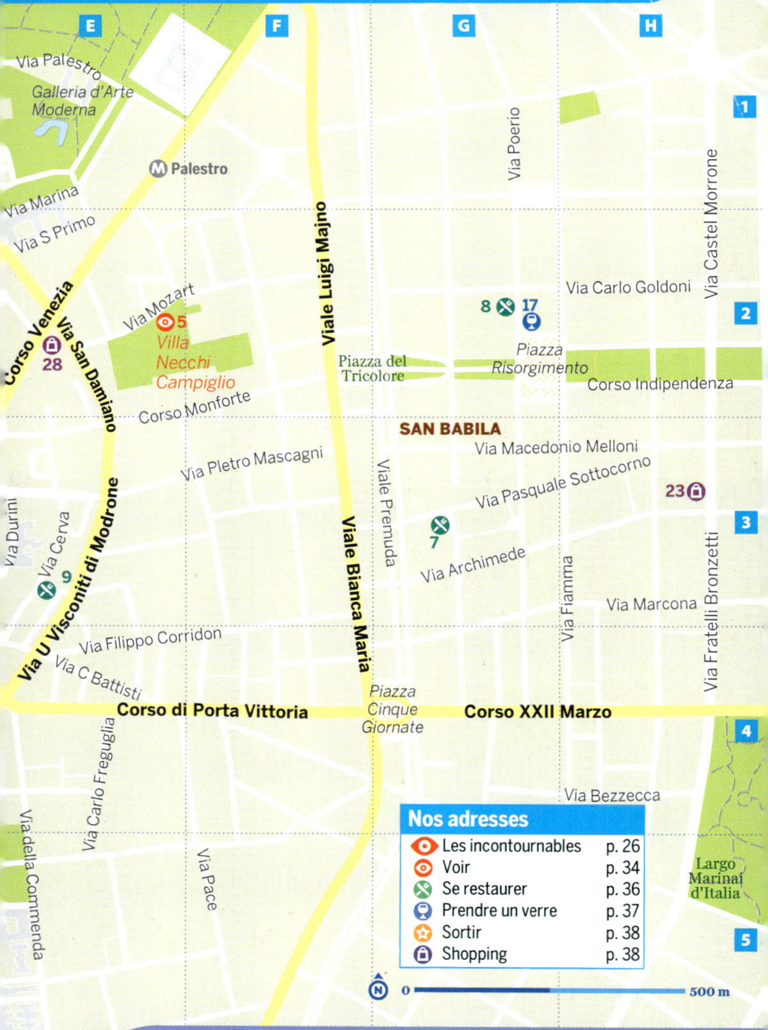

E
F
G
H
1
2
3
4
5
Via Palestro
Galleria d'Arte Moderna
Palestro
Via Marina
Via S Primo
Via Poerio
Via Castel Morrone
Via Carlo Goldoni
Viale Luigi Majno
Via Mozart
5
Villa Necchi Campiglio
Corso Venezia
Via San Damiano
28
8
17
Piazza del Tricolore
Piazza Risorgimento
Corso Indipendenza
Corso Monforte
SAN BABILA
Via Macedonio Melloni
Via Pietro Mascagni
Via Pasquale Sottocorno
23
Via Durini
Via Cerva
9
Via U Visconiti di Modrone
Viale Premuda
Viale Bianca Maria
7
Via Archimede
Via Fiamma
Via Marcona
Via Fratelli Bronzetti
Via Filippo Corridon
Via C Battisti
Corso di Porta Vittoria
Piazza Cinque Giornate
Corso XXII Marzo
Via Carlo Freguglia
Via Bezzecca
Via della Commenda
Via Pace
Largo Marinai d'Italia
Nos adresses
Les incontournables p. 26
Voir p. 34
Se restaurer p. 36
Prendre un verre p. 37
Sortir p. 38
Shopping p. 38
N
0
500 m

# Les incontournables
# Le Duomo

En marbre rose, la cathédrale de Milan matérialise le génie créatif et l'ambition de la ville. Lancé par le seigneur de Milan, Gian Galeazzo Visconti en 1387, ce projet fut dans un premier temps considéré comme irréalisable. Il fallut creuser des canaux pour acheminer en centre-ville l'énorme quantité de marbre nécessaire et inventer de nouvelles techniques de construction adaptées à ce monument d'une ampleur inédite. De nos jours, la foule s'extasie devant les riches détails de sa façade blanc nacré aux allures de diadème de conte de fées.

Carte p. 24, C3

www.duomomilano.it

Piazza del Duomo

crypte entrée libre ; accès au toit escalier/ascenseur 7/12 € ; trésor 2 €

terrasses 9h-21h tlj, trésor 9h30-17h lun-sam, 13h30-15h30 dim

M Duomo

Intérieur de la cathédrale

## À ne pas manquer

### L'extérieur

Alors roi d'Italie, Napoléon Ier décide en 1805 de financer les travaux pour achever la cathédrale. L'architecte désigné multiplie les éléments néogothiques en écho au style initial avec un usage visionnaire de la logique de la mode : faire du neuf avec de l'ancien. Les pinacles, redents, contreforts et arcs rampants de pierre et les quelque 3 000 statues datent presque tous du XIXe siècle.

### Toit-terrasse et tour-lanterne

Sur les terrasses du toit, vous serez à portée de main des 135 flèches complexes et de leur forêt d'arcs-boutants. Au centre s'élèvent une flèche et une tour-lanterne octogonale du XVe siècle surmontées depuis 1774 de la Madonnina. Cette statue dorée de la Vierge fut pendant longtemps le point le plus haut de la ville à 108,5 m avant d'être détrônée par la tour Pirelli en 1958.

### L'intérieur

Conçue à l'origine pour contenir toute la population de Milan, soit quelque 40 000 âmes, la cathédrale affiche une architecture à la fois élégante, exubérante et religieuse qui transporte le visiteur du XXIe siècle dans l'esprit du Moyen Âge. À l'intérieur, une fois accoutumé à la lumière tamisée et aux proportions grandioses des cinq nefs portées par 52 colonnes, levez les yeux vers les vitraux, considérés comme les plus grands de la chrétienté.

### Le sol

Avant de découvrir la myriade de trésors du Duomo, regardez le sol, véritable merveille en marbre polychrome d'une superficie de 12 000 m² dont la réalisation, d'après les plans de Pellegrino Tibaldi, dura quatre siècles. Les blocs de marbre rose et blanc proviennent d'une carrière concédée

### À savoir

- Les horaires de visite du trésor, de la crypte, du baptistère et du toit varient. Vérifiez-les sur le site Internet.
- Il existe un billet combiné pour les terrasses, le baptistère et le trésor au tarif avantageux de 13 €.
- Vous accéderez au toit plus rapidement en grimpant les 165 marches qu'en faisant la queue pour le petit ascenseur.
- Du 4 novembre au 6 janvier, on peut admirer dans la nef les *Quadroni di San Carlo*, de grands tableaux illustrant la vie de saint Charles.

### Une petite faim ?

Le Giacomo Caffè (p. 37) invite à une pause café dans la cour du Palazzo Reale. Le restaurant Giacomo Arengario (p. 33), au 3e étage du Museo del Novecento, permet, lui, d'avoir la vue sur une partie de la myriade de sculptures des flèches élancées du Duomo.

en exploitation pour l'occasion par Gian Galeazzo Visconti. Ils sont incrustés de marbre noir et de marbre rouge.

### La ligne méridienne

Au sol, près de l'entrée principale, prêtez attention à la ligne méridienne couleur cuivre jalonnée de signes du Zodiaque tracée par les astronomes de l'Accademia di Brera en 1786. Une baie dans la voûte de l'aile sud laisse entrer le soleil de midi qui éclaire ainsi différents points de cette ligne selon la saison. La précision du procédé était telle qu'il servit d'étalon aux horloges de la ville jusqu'au XIXe siècle.

### Saint Barthélemy

On doit à Marco d'Agrate, un étudiant de Léonard de Vinci, cette curieuse statue (1562) du martyr écorché portant sa peau en bandoulière comme une cape. Ce sujet d'étude de prédilection des anatomistes du XVIe siècle représentait pour les sculpteurs l'occasion de montrer leurs connaissances tant anatomiques que techniques.

### Le transept

Le transept est particulièrement riche en œuvres d'art. Il est flanqué à ses deux extrémités d'autels décorés de marbres polychromes. Le plus élaboré, l'*autel de Notre-Dame de l'arbre*, occupe la partie nord, en face d'un monumental candélabre en bronze à sept branches, le Trivulzio, chef-d'œuvre médiéval haut de 5 m, orné de pierres précieuses.

### Le chœur

Les stalles du chœur, conçues par Pellegrino Tibaldi et sculptées par

## Le Duomo

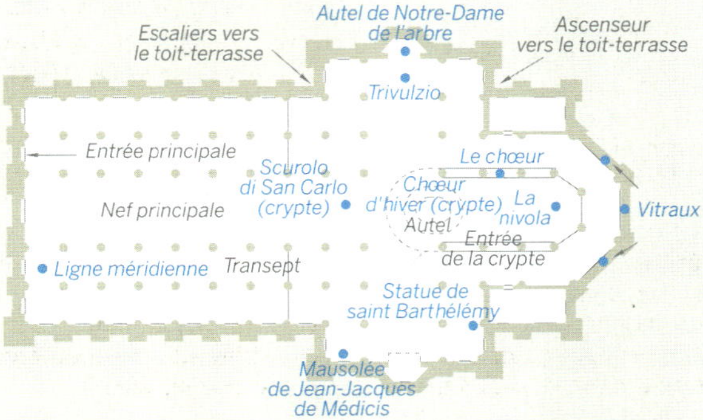

Paolo de'Gazzi, Virgilio del Conte et les frères Taurini, datent de 1614. Sur trois niveaux, y sont représentés, en partant du bas, la vie des archevêques de Milan Anatalone et Galdino, les saints martyrs et la vie de saint Ambroise.

### La "nivola"

En haut de l'abside, une lumière rouge signale l'emplacement de la plus précieuse relique de la cathédrale : un clou qui proviendrait de la croix du Christ conservé dans une boîte en bois. Chaque année, lors de la fête de l'exaltation de la Sainte-Croix (le samedi autour du 14 septembre), la relique est prélevée par le cardinal hissé dans la *nivola* (sorte de nacelle) puis exposée pendant trois jours.

### La crypte

Au niveau du déambulatoire, un escalier descend à la crypte ou chœur d'hiver. Également conçue par Tibaldi, cette chapelle circulaire entourée de stalles en bois s'apparente à un petit bijou avec ses piliers en porphyre rouge, son sol en marbre polychrome et son plafond à moulures. Un cercueil renferme les dépouilles de plusieurs saints et martyrs.

### Scurolo di San Carlo

À partir d'un orifice dans les stalles de la crypte, un couloir sombre mène dans les profondeurs du Duomo jusqu'à une chapelle abritant la dépouille de saint Charles Borromée,

RICHARD L'ANSON/GETTY IMAGES©

Toit du Duomo

cardinal et archevêque de Milan (1564-1584). Il repose dans un cercueil de cristal de roche au-dessus d'une châsse en argent.

### Veneranda Fabbrica del Duomo

La construction de la cathédrale de Milan nécessita la création de la Fabbrica del Duomo, une fabrique regroupant toutes les activités et la maintenance propres au chantier. Cette entité supervisa les travaux de 1387 à 1965, date de l'inauguration du dernier portail. Aujourd'hui, elle a en charge la restauration et la maintenance du Duomo. Ses carrières de marbre se visitent à Mergozzo, près du lac Majeur.

## Les incontournables
# Teatro alla Scala

L'auteur du *Rouge et le Noir* ressentit les premiers symptômes de ce que l'on nomma par la suite le “syndrome de Stendhal” (un trouble éprouvé par certains voyageurs et dû à un excès d'émotions esthétiques) en rencontrant Byron dans sa loge de la Scala en 1816. Si les rénovations récentes ont doté l'opéra d'une acoustique améliorée et d'écrans au dos des sièges pour visualiser le livret en deux langues, le charme du XVIII^e siècle demeure.

Carte p. 24, C2

02 86 07 75

www.teatroallascala.org

Via Filodrammatici 2

M Duomo

La Scala

# À ne pas manquer

## Le théâtre

Conçu par Giuseppe Piermarini, ce théâtre lyrique de 2 800 places a été inauguré en 1778 avec l'opéra *Europa Riconosciuta* d'Antonio Salieri. La Scala remplaçait un théâtre parti en fumée lors d'un gala de carnaval. Sa construction fut financée par la vente de *palchi* (loges et balcons) tapissés de dorures et de tissu cramoisi répartis sur six niveaux. Quand il n'y a pas de répétitions, on peut jeter admirer ce joyau depuis les loges n° 13, 15 et 18.

## Le poulailler

Au-dessus des loges réservées aux plus aisés, le poulailler composé de deux *loggioni* (galeries) surplombe l'une des plus grandes scènes d'Italie. Les occupants de ces places, les *loggionisti*, sont réputés pour être les plus critiques comme lorsqu'ils sifflèrent en 2006 le ténor Roberto Alagna, remplacé au pied levé par sa doublure Antonello Palombi qui dut, en jean et T-shirt, calmer leur colère.

## Le museo Teatrale alla Scala

Réunissant des portraits, des costumes d'Arlequin et une épinette portant la mention "Mains inexpertes, ne me touchez pas", le **musée du théâtre** (☎02 8879 7473 ; Largo Ghiringhelli 1, Piazza della Scala ; 6 € ; ⏲9h-12h30, 13h30-17h30) retrace l'histoire de l'opéra milanais. La **bibliothèque Livia Simoni** ravira les mélomanes.

## Les ateliers Ansaldo

Ces **ateliers** (carte p. 24, A5 ; www.teatroallascala.org ; Via Bergognone 34 ; 5 €/pers) offrent un aperçu des coulisses de la Scala. C'est là que plus de 150 menuisiers, forgerons et sculpteurs fabriquent les décors et qu'entre 800 et 1 000 nouveaux costumes faits main prennent vie chaque saison. Réservation obligatoire.

## ☑ À savoir

- La saison lyrique débute le 7 décembre, jour de la fête de sant'Ambrogio (Ambroise, saint patron de Milan).
- Pour assister à une représentation, réservez en ligne au moins un mois à l'avance.
- Une tenue de circonstance s'impose. Une soirée à la Scala est toujours une grande occasion.
- Réservez une visite des ateliers Ansaldo (mar et jeu).

## Une petite faim ?

La cour du **Café Trussardi** (☎02 8068 8295 ; www.trussardiallascala.it ; Piazza della Scala 5 ; ⏲7h30-23h lun-ven, 9h-23h sam ; Ⓜ Duomo) offre un cadre élégant pour un déjeuner rapide.

Pour faire une folie, optez pour Il Marchesino (p. 37), où Gualtiero Marchesi, l'un des grands chefs italiens, supervise les cuisines de la Scala.

## Les incontournables
# Le Museo del Novecento

Surplombant la Piazza del Duomo, le palazzo dell'Arengario d'où Mussolini haranguait la foule à l'apogée de son régime ménage une vue imprenable sur la cathédrale. Le bâtiment abrite désormais un musée consacré à l'art du XX^e^ siècle. Les étages inférieurs, bâtis autour d'une rampe futuriste en spirale (hommage au musée Guggenheim de New York) semblent bien exigus. Les œuvres signées notamment Boccioni, Campigli, De Chirico et Marinetti ne manquent, elles, pas d'intérêt.

Carte p. 24 , C4

www.museodelnovecento.org

Via Guglielmo Marconi 1

tarif plein/réduit 5/3 €

9h30-19h30 mar-dim, 14h30-19h30 lun, nocturne jeu et sam

M Duomo

Une salle du Museo del Novecento.

## À ne pas manquer

### Le Palazzo dell'Arengario

Les deux austères bâtiments symétriques flanqués d'une façade à trois niveaux d'arches qui le composent ont été conçus entre 1937 et 1942 par les architectes vedettes de l'époque Piero Portaluppi, Giovanni Muzio, Pier Giulio Magistretti et Enrico Griffini. Des bas-reliefs du sculpteur milanais Arturo Martini, dont les œuvres font partie de la collection du musée, ornent le *palazzo*. Ce dernier doit son nom d'*arengario* à sa fonction initiale de siège du gouvernement fasciste. Du balcon de l'édifice, les fascistes prononçaient leur *arringa* (harangue) au peuple.

### La collection

La collection permanente du musée rend hommage à l'art du XX^e^ siècle, avec une attention toute particulière pour les artistes milanais. La visite chronologique permet de découvrir aussi bien la force du tableau néoimpressioniste de Giuseppe Pellizza da Volpedo *Il Quarto Stato* (*Le Quart-État*) représentant des grévistes que la dynamique émanant des œuvres futuristes d'Umberto Boccioni, Carlo Carrà, Gino Severini ou Giacomo Balla. Le surréalisme, le spatialisme, l'art abstrait et l'Arte povera y sont aussi représentés livrant un siècle d'histoire italienne.

### Giacomo Arengario

Autre atout du musée, ce bistrot (☎02 7209 3814 ; www.giacomoarengario.com ; Via Guglielmo Marconi 1 ; repas 25-40 € ; ⏲12h-minuit) se situe au 3e étage. Ses salles luxueusement décorées dans un style Art déco donnent sur le Duomo dont on admire les flèches le jour et le kaléidoscope de ses vitraux le soir. Un personnel très soigné sert des grands classiques comme les assiettes de poisson, de la truffe ou du gibier.

### ☑ À savoir

- Des visites guidées ont lieu en français, anglais et italien.
- Dirigé par l'excellente équipe du Da Giacomo (p. 36), le bistrot du musée bénéficie d'une vue privilégiée sur le Duomo.
- Clou de la collection, *Il Quarto Stato* de Giuseppe Pellizza da Volpedo illustre l'idée de "mouvement de masse".
- Une passerelle piétonne relie l'Arengario au Palazzo Reale (p. 34).

### Une petite faim ?

Réservez une table en terrasse pour déjeuner chez Giacomo Arengario (voir ci-contre).

Le soir, traversez la place pour trinquer avec du beau monde au Straf Bar (p. 37).

# Voir

## Galleria Vittorio Emanuele II

GALERIE MARCHANDE

1 Carte p. 24, C3

Ce passage couvert de verre et d'acier de style néoclassique est bien plus qu'une simple galerie marchande. Les Milanais le surnomment "*il salotto buono*" (le beau salon) et l'empruntent lors de la *passeggiata* (promenade du soir). En forme de croix, il relie la Piazza del Duomo à la Piazza di Marino et à la Scala. (Piazza del Duomo ; M Duomo)

## Palazzo Reale

MUSÉE, PALAIS

2 Carte p. 24, C4

À la fin du XVIII$^{e}$ siècle, Giuseppe Piermarini, l'architecte favori de l'impératrice Marie-Thérèse, remania cet ancien hôtel de ville et palais des Visconti dans un style néoclassique. Les bombardements de la Seconde Guerre mondiale ont presque entièrement détruit son bel intérieur. La **Sala delle Cariatidi** n'a pas été restaurée, témoignant ainsi des destructions aveugles. Les grandes rétrospectives (Titien, Francis Bacon, Dario Fo) organisées sur place affichent toujours complet. (www.comune.milano.it/palazzoreale ; Piazza del Duomo 12 ; expositions 5-12 €, Museo della Reggia entrée libre ; expositions 14h30-19h30 lun, 9h30-19h30 mar, mer, ven et sam, 9h30-22h30 jeu et sam, musée 9h30-17h30 mar-dim ; M Duomo)

## Biblioteca e Pinacoteca Ambrosiana

BIBLIOTHÈQUE-PINACOTHÈQUE

3 Carte p. 24, B4

Construite en 1609 à la demande du cardinal Borromée, la bibliothèque ambrosienne était alors la première bibliothèque publique d'Europe. Elle contient plus de 75 000 ouvrages dont l'inestimable *Codex Atlanticus* de Léonard de Vinci. Ajout ultérieur, la **pinacothèque** présente un panorama de la peinture italienne du XIV$^{e}$ au XX$^{e}$ siècle avec pour pièce maîtresse la célèbre *Corbeille de fruits* qui lança la carrière du Caravage et le courant réaliste italien. (02 80 69 21 ; www.ambrosiana.it ; Piazza Pio XI 2 ; tarif plein/réduit 15/10 € ; 10h-18h mar-dim ; M Duomo)

## Chiesa di Santa Maria presso San Satiro

ÉGLISE

4 Carte p. 24, B4

En 1482, Ludovico Sforza chargea l'architecte Donato Bramante de réaménager cette petite église érigée sur les fondations du mausolée du martyr San Satiro. Et il ne fut pas déçu du résultat : une voûte à caisson en trompe-l'œil donne à l'abside des airs de Panthéon romain à la hauteur de ses ambitions. (Via Speronari 3 ; entrée libre ; 7h30-11h30 lun-ven, 15h30-18h30 sam ; M Duomo)

JOSE FUSTE RAGA/CORBIS©

Galleria Vittorio Emanuele II

## Villa Necchi Campiglio VILLA

5 Carte p. 24, E2

Située dans un beau jardin agrémenté d'une piscine, d'un court de tennis et de hauts magnolias, cette maison conçue en 1932 par Piero Portaluppi incarne la réussite financière de Milan et l'architecture moderniste. L'intérieur superbement restauré témoigne du mode de vie privilégié des sœurs Necchi, héritières des célèbres machines à coudre italiennes Necchi, à travers une profusion de détails du quotidien. De remarquables toiles italiennes du siècle dernier tapissent les murs. (02 7634 0121 ; www.casemuseo.it ; Via Mozart 14 ; tarif plein/réduit 8/4 € ; 10h-18h mer-dim ; M San Babila)

## Chiesa di San Bernardino alle Ossa ÉGLISE, OSSUAIRE

6 Carte p. 24, D4

Cette église du XIIIe siècle renferme un ossuaire où l'on enterrait les victimes de la peste ayant succombé à l'hôpital San Barnaba voisin. Après son effondrement suite à la chute du campanile de l'église adjacente de Santo Stefano, un nouvel ossuaire de style rococo vit le jour en 1679. Sous le *Triomphe des âmes* de sa voûte, il arbore une décoration macabre constituée d'os humains et de crânes de prisonniers condamnés. (02 855 63 04 ; Via Carlo Giuseppe Merlo 4 ; entrée libre ; 7h30-12h et 13h-18h lun-ven, 7h30-12h sam, 9h-12h dim ; 12, 15, 23, 27)

# Se restaurer

## Ristorante da Giacomo

FRUITS DE MER **€€**

7 Carte p. 24, G3

Ce restaurant traditionnel toscan aux boiseries vert cendré et au papier peint gaufré propose une carte bien ficelée axée sur le poisson et les crustacés. Faites suivre une dégustation gratuite de pizza aux câpres et aux sardines de *linguine* au crabe, langoustine et tomates cerises, sans oublier, en saison, les truffes et les cèpes. (02 7602 3313 ; www.giacomomilano.com ; Via Pasquale Sottocorno 6 ; repas 30-40 € ; 9, 23)

Comprendre

### Le taureau porte-bonheur

La Galleria Vittorio Emanuele II a été conçue comme une vitrine du Milan des temps modernes. Son architecte, Giuseppe Mengoni, mourut tragiquement en 1877 en tombant d'un échafaudage quelques semaines avant la fin des 14 ans de travaux. Selon la tradition milanaise, pour conjurer une telle malchance, il faut piétiner du talon les attributs d'un taureau en mosaïque ornant le sol en tournant trois fois.

## Cantina di Manuela

BAR À VIN **€€**

8 Carte p. 24, G2

Cette *enoteca* offre la possibilité de se régaler de charcuterie, d'une succulente *bistecca alla fiorentina* et d'escalopes. Les Milanais viennent après le travail pour acheter une bouteille de vin ou partager une généreuse assiette de fromage de chèvre, miel et moutarde en sirotant un verre pendant que les enfants dessinent. (02 7631 8892 ; www.lacantinadimanuela.it ; Via Poerio 3 ; repas 25-35 € ; 11h-1h30 lun-sam ; 9, 23)

## Trattoria da Pino

MILANAIS **€**

9 Carte p. 24, E3

Cette trattoria populaire est l'antidote parfait aux nombreux restaurants étoilés de la ville où se pressent les top-modèles. Attablé au coude à coude à de longues tables dans une salle aux murs couleur rouille, commandez un bol de *bollito misto* (pot-au-feu), des pâtes maison ou des boulettes de veau à la sauce curry. (02 7600 0532 ; Via Cerva 14 ; repas 20-25 € ; 12h-15h lun-sam ; M San Babila)

## Trussardi alla Scala

ITALIEN CONTEMPORAIN **€€€**

10 Carte p. 24, B3

Voici l'une des plus belles tables à proximité du Duomo, que ce soit pour un *aperitivo* élégant au café-bar au pied du mur végétal de Patrick Blanc ou pour un repas dans le restaurant glamour d'Andrea Berton distingué au Michelin. Cuisine sincère de saison, comme l'agneau de printemps rôti accompagné de pommes de terre, avocat et citron vert. (02 8068 8201 ; www.trussardiallascala.com ; Piazza della Scala 5 ; repas 120 € ; 7h30-23h lun-ven, soir sam ; ; M Duomo)

### Peck Italian Bar

ITALIEN €€

11 Carte p. 24, B3

Modèle de sobriété, la salle met à l'honneur des produits de qualité dans des mets classiques comme la *cotoletta*, le risotto et des rôtis préparés avec des ingrédients ultra-frais et un soupçon de modernité. Vins disponibles au verre et serveurs à nœud papillon. (02 869 30 17 ; www.peck.it ; Via Cesare Cantù 3 ; plats 18-30 € ; 7h30-20h30 lun-sam ; ; M Duomo)

### Luini

BOULANGERIE-PÂTISSERIE €

12 Carte p. 24, C3

Banquiers et étudiants bohème, mannequins flanqués de leur coiffeur, tous chantent les louanges de Luini, quand ils n'ont pas la bouche pleine de *panzerotti*, délicieux chaussons de pâte à pizza fourrés au fromage, aux épinards, à la tomate, au pesto ou au jambon. (www.luini.it ; Via Santa Radegonda 16 ; panzerotti 2,50 € ; 10h-15h lun, 10h-20h mar-dim ; ; M Duomo)

### Il Marchesino

ITALIEN CONTEMPORAIN €€€

13 Carte p. 24, B2

Gualtiero Marchesi, le chef le plus renommé d'Italie, chapeaute ce restaurant dont les sièges capitonnés de tissu cramoisi rappellent l'opéra attenant. Bien que traditionnelle, la cuisine ne manque pas de créativité. Les spaghettis rustiques coupés à la main s'accompagnent de moules et d'un méli-mélo de courgettes, tandis que le pigeon au foie gras est parsemé de pignons et de raisins secs. (02 7209 4338 ; www.ilmarchesino.it ; Via Filodrammatici 2 ; repas 50-80 €, menu dégustation 110 € ; 8h-1h lun-sam, fermeture des cuisines 22h30 ; M Duomo)

### Grom

GLACIER €

14 Carte p. 24, B3

Les pistaches viennent de Sicile et le *gianduja* se compose de noisettes du Piémont et de chocolat du Venezuela. C'est délicieux. (02 8058 1041 ; www.grom.it ; Via Santa Margherita 16 ; glaces 2-3 € ; 11h-23h ; ; M Duomo)

## Prendre un verre

### Giacomo Caffè

CAFÉ

15 Carte p. 24, C4

Sous les arcades du Palazzo Reale, ce café littéraire constitue une adresse au calme pour recharger ses batteries après la visite d'un musée. Étagères de livres et œuvres d'art garnissent le salon de lecture isolé à l'étage. Au comptoir de facture XIXe bien garni en pâtisseries, on vous servira un café toujours parfait. Beau buffet apéritif. (Piazza Reale 12 ; 8h-20h ; M Duomo)

### Straf Bar

BAR

16 Carte p. 24, C3

Le meilleur bar d'hôtel du centre-ville. Ici l'*aperitivo* très fréquenté dure jusqu'à minuit dans un décor exotique à la mode : bois sombre, pierre, métal et fibre de verre sur fond de béton brut. L'été, des concerts s'y tiennent et l'animation déborde jusque dans la petite Via San Raffael. (02 8050 0715 ; www.straf.it ; Via San Raffael 3 ; 8h-minuit ; M Duomo)

### Gold

BAR, RESTAURANT

17 Carte p. 24, G2

Éloge de l'excès, le fleuron clinquant de Dolce & Gabbana vous séduira ou vous agacera (surtout si vous payez l'addition), question d'humeur. Le bar à la thématique dorée, les tables recouvertes de miroirs et la TV dans les toilettes valent bien un ou deux cocktails, mais oubliez le restaurant plus soucieux de style que du contenu de l'assiette. (02 757 77 71 ; www.dolcegabbana.com/gold ; Via Carlo Poerio 2a ; 8h-1h lun-mer, 8h-2h jeu-sam ; 9, 23)

### G-Lounge

BAR

18 Carte p. 24, C4

Des *caïpirinhas* brésiliennes et une ambiance décontractée vous attendent dans ce bar d'angle tendance, ancien club de l'époque fasciste devenu une adresse appréciée des jeunes gays urbains et d'une clientèle aisée le vendredi soir. Il comprend un petit bar au rez-de-chaussée et un sous-sol où l'animation bat son plein après 22h. (02 805 30 42 ; Via Larga 8 ; 7h30-21h30 lun, 7h30-2h mar-dim ; M Duomo)

## Sortir

### Piccolo Teatro

THÉÂTRE

19 Carte p. 24, B3

Créé en 1947 par le directeur de théâtre Paolo Grassi et le grand metteur en scène Giorgio Strehler, ce petit théâtre au répertoire audacieux a été à l'origine d'un mouvement national de renouveau de la production théâtrale et de la commedia dell'arte. D'autres spectacles, notamment des ballets, ont lieu au Piccolo Teatro Strehler plus vaste (p. 69 ). (02 4241 1889 ; www.piccoloteatro.org ; Via Rovello 2 ; billetterie 10h-18h45 Lun-sam, 10h-17h dim ; M Cordusio)

### Le Banque

BAR LOUNGE, CLUB

20 Carte p. 24, B3

À contrecourant du minimalisme milanais, cette ancienne banque arbore une décoration baroque entre sa myriade de lourdes tentures rouges, son bar doré et ses deux pistes de danse en sous-sol à l'éclairage LCD. De jeunes fashionistas au style Versace viennent s'y défouler. (02 8699 6565 ; www.lebanque.it ; Via Porrone Bassano 6 ; à partir de 19h mar-dim ; M Cordusio)

Comprendre

## Milan au XXe siècle

### L'ascension de Mussolini

C'est à Milan que débuta la carrière politique de Benito Mussolini qui créa rapidement le groupe paramilitaire des Chemises noires. Ses promesses de puissance et d'unité nationale séduisirent de larges pans de la population lui permettant en 1922 de devenir Premier ministre. En 1926, il fit bâtir le stade San Siro, fruit du style rationaliste fasciste et de sa fascination pour la Rome impériale. La Stazione Centrale, la Triennale, l'Arengario et la boutique Armani de la rue Manzotti présentent aussi une architecture typique de l'époque.

### La Seconde Guerre mondiale

Les bombardements détruisirent un quart de la ville, laissant la Scala et le Palazzo Reale en ruine. En 1943, les grèves organisées par la résistance italienne et les syndicats antifascistes paralysèrent Milan. Après la capitulation de l'Italie en 1945, Mussolini proclama une nouvelle république fasciste, scindant le pays en deux. Les résistants l'emportèrent. Mussolini et sa maîtresse Carla Petacci furent capturés et exécutés, avant d'être pendus sur le Piazzale Loreto, à Milan.

### Le Cimitero Monumentale

Le cimetière renferme un mémorial aux Milanais déportés par les nazis. Conçu par les architectes du Studio BBPR, il est formé d'un cube à l'ossature d'acier et de marbre. En son centre se trouve de la terre du camp où mourut Gianluigi Banfi, l'un des quatre associés de BBPR.

### De l'après-guerre à aujourd'hui

La reconstruction de l'après-guerre a propulsé Milan à la tête du mouvement de transformation du pays dont l'économie, d'agricole est devenue industrielle. Plus de neuf millions d'Italiens du Sud migrent au Nord entre les années 1950 et 1970, le plus souvent à Milan et dans les villes de la plaine lombarde pour travailler dans la sidérurgie, l'industrie ou à la construction de voies ferrées.

Parallèlement, les architectes milanais reconstruisent la ville en développant des formes qui révolutionnent les modes de vie modernes. Aujourd'hui, 16% de la population italienne et 25% de ses émigrés vivent en Lombardie, une région produisant 20% du PIB national.

# Shopping

## Borsalino

ACCESSOIRES

21 Carte p. 24, C3

L'emblématique chapelier piémontais d'Alessandria a travaillé avec de grands créateurs comme Achille Castiglioni. Cette boutique dans la galerie commercialise les succès de la collection en cours. Le magasin principal se situe Corso Venezia 21a. (02 8901 5436 ; www.borsalino.com ; Galleria Vittorio Emanuele II 92 ; mar-sam ; M Duomo)

100% milanais

### L'Idroscalo

Ancienne piste d'atterrissage pour hydravions, ce **lac artificiel** (02 7020 0902 ; www.provincia.milano.it/idroscalo ; Via Circonvallazione Idroscalo, près de l'aéroport de Linate) est devenu une base de loisirs. Des concerts s'y déroulent régulièrement, y compris des festivals de musique indépendante et l'on peut y pratiquer des sports nautiques comme le wakeboard et le kitesurf. Pour plus d'informations, consultez le site Internet et le calendrier hebdomadaire des manifestations. Comme aux Navigli, l'eau attire les moustiques, pensez à vous munir d'un bon répulsif. Pour s'y rendre, prenez le bus 73 de San Babila à l'aéroport de Linate, puis la navette gratuite.

## Peck

ÉPICERIE FINE

22 Carte p. 24, B4

Depuis plus d'un siècle, les Milanais s'approvisionnent dans cette épicerie fine sur plusieurs niveaux. Pas bien grande, elle impressionne pourtant par son choix de produits de qualité : fromages, huile d'olive, charcuterie, chocolat, pâtes et denrées fraîches. Ouvert à l'heure du déjeuner, le bar à l'étage semble dater du début des années 1980. En redescendant, n'oubliez pas de vous arrêter à la cave à vin. (02 802 31 61 ; www.peck.it ; Via Spadari 9 ; 9h15-19h30 mar-sam, 15h30-19h30 lun ; ; M Duomo)

## Il Salvagente

MODE

23 Carte p. 24, H3

La cour du magasin ne paie pas de mine et pourtant en sous-sol, étroitement serrés sur des portants, on retrouve des modèles de toutes les grandes marques – Prada, Dolce & Gabbana, Versace et Ferretti – pour ne citer qu'elles à prix dégriffés. Paiement en espèces. (02 7611 0328 ; www.salvagentemilano.it ; Via Fratelli Bronzetti 16 ; 10h-19h mar-sam, 15h-19h lun ; 60, 62, 92)

## Librairie internationale Hoepli

LIBRAIRIE

24 Carte p. 24, C3

La plus grande librairie d'Italie rassemble sur 6 étages quelque 500 000 titres, ainsi que des livres anciens rares et un rayon en langues étrangères. Même si vous ne parlez pas l'italien, jetez un œil aux ouvrages des maisons d'édition italienne, réputés pour leurs qualités graphiques. (02 86 48 71 ; www.hoepli.it ; Via Ulrico Hoepli 5 ; 10h-19h30 lun-sam ; M Duomo)

## Piumelli

ACCESSOIRES

25 Carte p. 24, C3

Les gants de cuir se déclinent ici sous de multiples formes et dans toutes les couleurs de l'arc-en-ciel. Que vous ayez des mains de dentellière ou de bûcheron, vous trouverez votre taille. N'oubliez pas les articles soldés (dans les paniers) si vous cherchez autre chose que du noir. (02 869 23 18 ; www.piumelli.com ; Galleria Vittorio Emanuele II ; 10h-19h lun-sam, 14h-19h dim ; M Duomo)

## Città del Sole

JOUETS

26 Carte p. 24, B3

Donnez des idées aux ingénieurs en herbe avec un livre sur les ponts dessinés par Léonard de Vinci ou aux futures Gae Aulenti avec des jeux de construction Bauhaus. (02 8646 1683 ; www.cittadelsole.it ; Via Orefici 13 ; 10h-19h30 mar-dim, 11h-19h30 lun ; ; M Cordusio)

## La Rinascente

GRAND MAGASIN

27 Carte p. 24, C3

Le grand magasin le plus prestigieux d'Italie a aussi pignon sur rue dans la capitale de la mode. Outre des lignes *bis* italiennes, des marques françaises et des créations de jeunes stylistes de Los Angeles, il possède un beau rayon d'arts de la table en sous-sol. Rayon

CARLO BRAMBILLA 2/ALAMY ©

Gourmandises chez Peck

alimentaire et restaurant au 7e étage. (02 8 85 21 ; www.rinascente.it ; Piazza del Duomo ; 10h-minuit ; M Duomo)

## E De Padova

DÉCORATION, DESIGN

28 Carte p. 24, E2

L'œil expert de Maddalena De Padova s'impose depuis 1965 dans ce que le designer américain George Nelson qualifiait de l'une des plus belles boutiques au monde. Comment lui donner tort ? Si vous manquez de temps pour faire la tournée des showrooms, ces 6 étages dédiés au design vous donneront déjà un bon aperçu de la création italienne. (02 77 72 01 ; www.depadova.it ; Corso Venezia 14 ; 15h-19h lun, 10h-19h mar-sam ; M Montenapoleone)

Explorer

# Quadrilatero d'Oro et Giardini Pubblici

Au nord-est du Duomo, le Quadrilatère d'or fait les yeux doux aux amateurs de marques de luxe. On le surnomme aussi "Monte Nap" en référence à la Via Montenapoleone, une des quatre rues délimitant le quartier avec Via della Spiga, Via Sant'Andrea et Via Borgospesso. Au nord-est, le Corso Venezia borde les Giardini Pubblici, de séduisants jardins d'agrément datant du XIX$^{e}$ siècle.

## L'essentiel en un jour

Commencez par goûter au meilleur café de Milan au **Caffè Ambrosiano** (p. 55) avec des *cornetti* (croissants), accoudé au comptoir aux côtés des Milanais connaisseurs. Ensuite, direction le sud pour une promenade aux jolis **Giardini Pubblici** (p. 50). En famille, pourquoi ne pas visiter le **Museo Civico** (p. 51), le plus ancien musée municipal de Milan et le plus grand muséum d'Histoire naturelle d'Italie. Sinon, optez plus au nord pour la belle collection de peinture italienne du XX<sup>e</sup> siècle des **appartements** (p. 50) étonnants d'Antonio Boschi et Marieda di Stefano, conçus par Piero Portaluppi.

L'après-midi, arpentez les rues pavées du **Quadrilatero** (p. 48). Pour déjeuner, rejoignez les top modèles dans la cour paisible du **Salumaio di Montenapoleone** (p. 49) puis livrez-vous à un exercice délicat : coordonner les teintes arc-en-ciel des gants Sermoneta avec le dernier trench couleur tabac d'Aspesi.

Terminez la journée au bar **Pandenus** (p. 53) par l'un des meilleurs et des plus copieux buffets apéritifs en ville. Si les innombrables portions de *bruschette*, petites pizzas, pâtes et légumes crus ne vous ont pas rassasié, allez dîner au coin de la rue chez **Lon Fon** (p. 52).

Pour un itinéraire d'une journée dans le Quadrilatero d'Oro, reportez-vous p. 48.

### Les incontournables

Museo Poldi Pezzoli (p. 46)

### 100% milanais

Virée shopping (p. 48)

### Le meilleur du quartier

**Art**

Museo Poldi Pezzoli (p. 46)

Casa Museo Boschi-di Stefano (p. 50)

Museo Bagatti Valsecchi (p. 51)

**Mode**

Aspesi (p. 55)

G. Lorenzi (p. 49)

**Jardins**

Giardini Pubblici (p. 50)

**Bars et cafés**

Pandenus (p. 53)

HClub (p. 53)

### Comment y aller

**M Métro** Descendez à Montenapoleone (MM3, ligne jaune) pour le Quadrilatero et à Palestro ou Porta Venezia (MM1, ligne rouge) pour les Giardini Pubblici. Continuez sur la ligne rouge jusqu'à Lima pour accéder au Corso Buenos Aires et au musée Boschi-di Stefano.

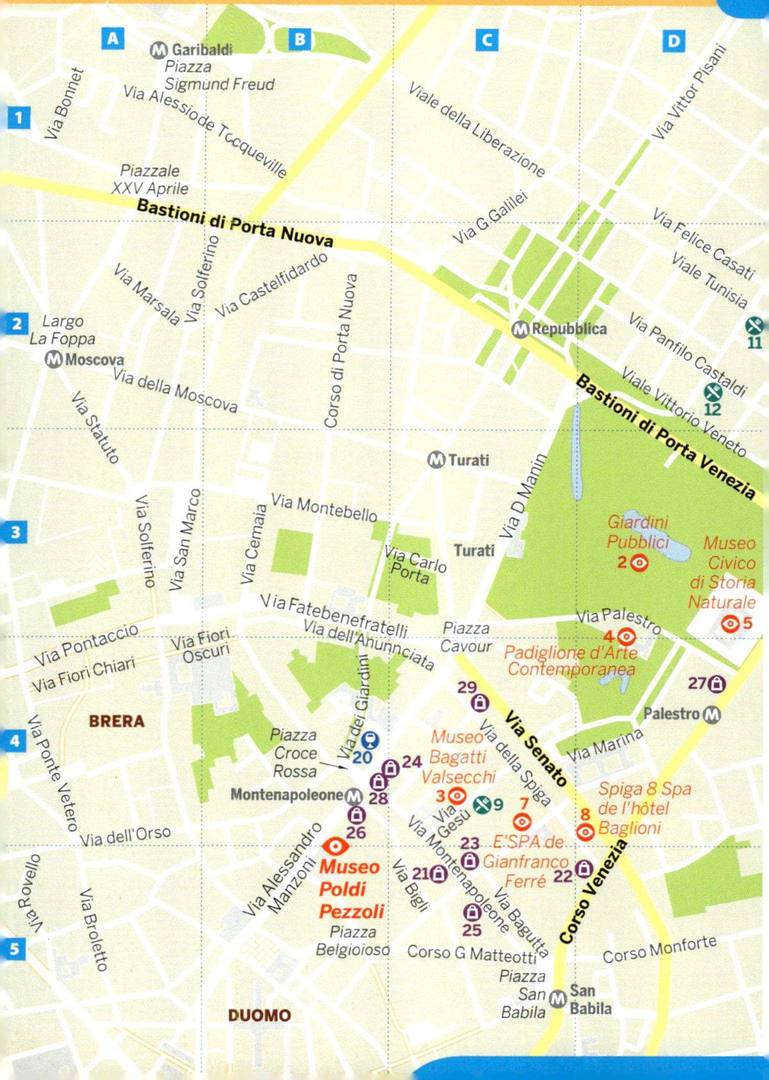
A
B
C
D
1
2
3
4
5
Garibaldi
Piazza Sigmund Freud
Via Bonnet
Via Alessio de Tocqueville
Viale della Liberazione
Via Vittor Pisani
Piazzale XXV Aprile
Bastioni di Porta Nuova
Via G Galilei
Via Felice Casati
Viale Tunisia
Via Marsala
Via Solferino
Via Castelfidardo
Corso di Porta Nuova
Largo La Foppa
Moscova
Repubblica
Via Panfilo Castaldi
11
Via della Moscova
Viale Vittorio Veneto
12
Bastioni di Porta Venezia
Via Statuto
Turati
Via D Manin
Via Montebello
Via Solferino
Via San Marco
Via Cemaia
Via Carlo Porta
Turati
Giardini Pubblici
2
Museo Civico di Storia Naturale
5
Via Fatebenefratelli
Via dell'Annunciata
Piazza Cavour
Via Palestro
4
Padiglione d'Arte Contemporanea
Via Pontaccio
Via Fiori Chiari
Via Fiori Oscuri
29
27
Palestro
BRERA
Via dei Giardini
Via Senato
Via della Spiga
Via Marina
Piazza Croce Rossa
20
24
Museo Bagatti Valsecchi
28
Montenapoleone
3
Via Gesù
9
7
8
Spiga 8 Spa de l'hôtel Baglioni
Via Ponte Vetero
26
Via dell'Orso
Via Alessandro Manzoni
Museo Poldi Pezzoli
Via Montenapoleone
23
E'SPA de Gianfranco Ferré
21
22
Corso Venezia
Via Bigli
Via Bagutta
Via Rovello
Via Broletto
25
Piazza Belgioioso
Corso G Matteotti
Corso Monforte
Piazza San Babila
San Babila
DUOMO

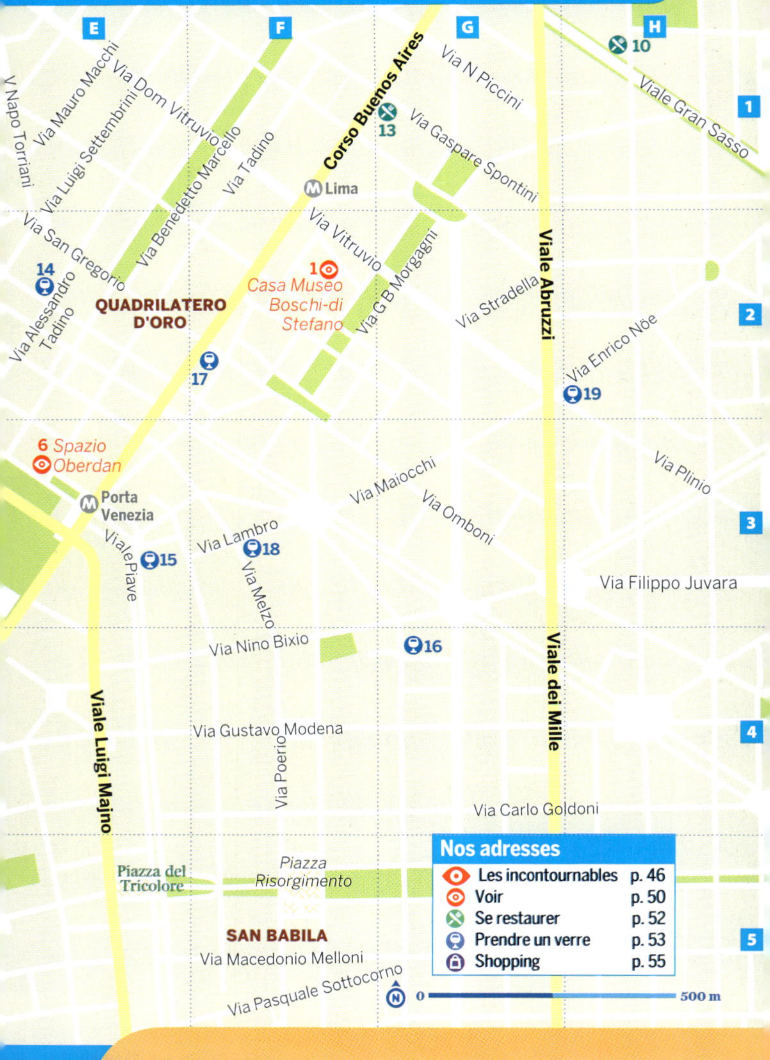
E
F
G
H
1
2
3
4
5
V Napo Torriani
Via Mauro Macchi
Via Luigi Settembrini
Via Dom Vitruvio
Via Benedetto Marcello
Via Tadino
Corso Buenos Aires
13
Via N Piccini
10
Viale Gran Sasso
Via Gaspare Spontini
Lima
Via San Gregorio
Via Vitruvio
Via G B Morgagni
14
Via Alessandro Tadino
QUADRILATERO D'ORO
1 Casa Museo Boschi-di Stefano
Via Stradella
Viale Abruzzi
Via Enrico Nöe
17
19
6 Spazio Oberdan
Porta Venezia
Viale Piave
15
Via Lambro
18
Via Melzo
Via Maiocchi
Via Omboni
Via Plinio
Via Filippo Juvara
Via Nino Bixio
16
Viale dei Mille
Viale Luigi Majno
Via Gustavo Modena
Via Poerio
Via Carlo Goldoni
Piazza del Tricolore
Piazza Risorgimento
SAN BABILA
Via Macedonio Melloni
Via Pasquale Sottocorno
Nos adresses
Les incontournables p. 46
Voir p. 50
Se restaurer p. 52
Prendre un verre p. 53
Shopping p. 55
0
500 m

# Les incontournables
# Museo Poldi Pezzoli

À l'âge de 24 ans, Gian Giacomo Poldi Pezzoli hérita de la grande fortune et de l'amour de l'art de sa mère. La maison-musée qui allait devenir le Victoria & Albert Museum de Londres, découverte lors d'un de ses nombreux voyages en Europe, lui servit d'inspiration pour présenter sa propre collection d'envergure. Il s'employa à aménager ses appartements en salles incarnant chacune une époque majeure (Moyen Âge, début de la Renaissance, période baroque et rococo). Aujourd'hui, ces salles constituent des œuvres d'art en soi.

Carte p. 44, B5

02 79 48 89

www.museopoldipezzoli.it

Via Alessandro Manzoni 12

tarif plein/réduit 9/6 €

10h-18h mer-lun

M Montenapoleone

La Sala Nera, museo Poldi Pezzoli

## À ne pas manquer

### Sala d'Armi

La salle d'Armes, la première pièce terminée du projet de Poldi Pezzoli, affichait jadis une décoration néogothique, œuvre du scénographe de la Scala Filippo Peroni. Elle fut détruite lors du second conflit mondial. Conçue par le sculpteur contemporain Arnaldo Pomodoro, la nouvelle salle a des allures de tombeau des *Aventuriers de l'arche perdue* du XVIe siècle.

### Le grand escalier

Un imposant escalier néobaroque en spirale conduit aux appartements du 1er étage. Il s'organise autour d'une fontaine extravagante décorée de chérubins en bronze initialement destinés à la chapelle Portinari de Sant'Eustorgio (p. 108).

### Salles historiques

Seules quatre pièces d'origine ont survécu aux bombardements et ont été réaménagées à l'identique : la Sala degli Stucchi de facture rococo ; la Sala Nera jadis habillée d'ébène et d'ivoire ; la Sala dei Vetri di Murano où dormait Gian Giacomo et le Studiolo Dantesco, où il conservait ses biens les plus précieux.

### La collection

Elle reflète la passion de Gian Giacomo Poldi Pezzoli pour les armes, les arts décoratifs et la peinture de la Renaissance. Au fil des salles, on peut admirer des toiles des maîtres lombards de la Renaissance (Foppa, Bergognone, Luini) ou toscans et vénitiens (Botticelli, Bellini, Mantegna, Piero della Francesca) ou encore ce superbe *Portrait de jeune femme* de Pollaiolo devenu l'emblème du musée. Entre ces toiles, se dressent des vitrines remplies de verrerie vénitienne, de porcelaine du XVIIIe siècle et de bijoux.



### À savoir

- Contrairement à la majorité des musées, fermés le lundi, le musée Poldi Pezzoli ferme le mardi.
- Le musée comprend une série unique d'objets de collection dans une section séparée.
- Des visites guidées en groupes ou en individuel (environ 1 heure) ont lieu en plusieurs langues.
- Le musée est accessible avec la Casemuseocard (p. 52), un pass permettant de visiter 3 des 4 maisons-musées de Milan.

### Une petite faim ?

Les Milanaises chics viennent au Caffè Cova (p. 48) pour ses pains et ses pâtisseries.

Déjeunez au Salumaio (p. 49) de galettes aux cèpes ou d'une assiette de *bresaola* de la Valtellina. Vous serez servi comme un aristocrate du XIXe siècle.

# 100% milanais
# Virée shopping

**Tous ceux qui s'intéressent au tombé d'une robe ou à la coupe d'une veste ne peuvent passer outre une promenade dans le Quadrilatero d'Oro, le quartier de la mode le plus célèbre au monde. Ce quadrilatère aux rues pavées abrite toutes les grandes marques italiennes. Même si vous n'avez pas l'intention de succomber, observez le va-et-vient des chalands. C'est distrayant et gratuit.**

## ❶ Prendre un café au Cova

Le **Caffè Cova**, le plus vieux café de Milan, ouvert en 1817 par Antonio Cova, soldat de Napoléon (☎02 7600 5599 ; www.pasticceriacova.com ; Via Montenapoleone ; ⏰8h30-20h lun-sam ; Ⓜ Montenapoleone) donne une idée de l'ambiance de "Monte Nap". Des dames accessoirisées à outrance se pressent au comptoir néoclassique pour passer sèchement commande de pâtisseries au personnel en tablier.

### ❷ Promenade dans "Monte Nap"

La Via Montenapoleone a toujours rimé avec élégance et argent. Un bureau du gouvernement de Napoléon y accordait jadis des prêts et de grandes marques comme Etro, Ferragamo, Armani et Prada bordent désormais l'artère principale du quadrilatère d'or. Entre tous ces poids lourds subsistent toutefois des boutiques de l'ancien temps tel **G. Lorenzi** (02 7602 2848 ; www.lorenzi.it ; Via Montenapoleone 9 ; lun-sam), temple de la toilette masculine.

### ❸ Déjeuner au Salumaio

L'ouverture de **du Salumaio** (02 7600 1123 ; www.ilsalumaiodimontenapoleone.it ; Via Montenapoleone 12 ; 11h-19h30 lun-ven ; ; M Montenapoleone) en 1957 Via Montenapoleone suscita une levée de boucliers des habitants, inquiets de voir cet humble traiteur faire baisser le niveau de ce quartier huppé. Mais la maison séduisit rapidement les Milanais avec ses vitrines originales. Elle a depuis déménagé au Palazzo Bagatti Valsecchi.

### ❹ Costume au carré

Si vous vous êtes un jour demandé d'où venaient les costumes de James Bond, allez faire un tour chez **Brioni** (02 7631 8718 ; www.brioni.com ; Via Gesù 2A ; 10h-19h mar-sam ; M Montenapoleone), l'atelier de confection sur mesure du couturier Mauro Stracci qui transforme le tissu en costumes glamour. Vous trouverez une boutique de prêt-à-porter masculin moins onéreuse au n°3 et pour femmes au n°4.

### ❺ Décoration d'intérieur Via Manzoni

Fondé à Omegna en 1921, **Alessi** (02 79 57 26 ; www.alessi.com ; Via Manzoni 14-16 ; mar-dim) continue à décorer nos maisons grâce à plus de 22 000 objets, souvent créés par les plus grands architectes-designers internationaux. Certains ont même trouvé place au Victoria & Albert Museum à Londres ou au MoMA, à New York. La boutique principale de la marque propose les dernières nouveautés.

### ❻ Aperitivo Via della Spiga

Qui n'aimerait pas faire du lèche-vitrine dans cette belle rue piétonne où Bulgari a remplacé les boulangeries d'autrefois ? Si les pavés ont mis vos pieds à rude épreuve, poussez la petite porte de l'Hôtel Baglioni pour commander un Campari-soda au **café** (02 77 077 ; www.baglionihotels.com ; Via Senato 5, Via della Spiga (entrée secondaire) ; 9h-1h ; M San Babila) de l'hôtel. La clientèle féminine aime y déjeuner, dans un décor de salon du XIX$^{e}$ siècle.

### ❼ Visite d'hôtel particulier

Découvrez la vie des aristocrates du XVIII$^{e}$ siècle au Palazzo Morando Attendolo Bolognini à travers les collections de la comtesse Bolognini et les œuvres d'art du **Museo di Milano** (02 884 6 5933 ; www.museodistoriacontemporanea.it ; Via Sant'Andrea 6 ; entrée libre ; 14h-17h30 mar-dim sept-juil ; M San Babila) offrant un aperçu de la ville sous Napoléon.

# Voir

## Casa Museo Boschi-Di Stefano

MAISON-MUSÉE

1 Carte p. 44, F2

L'une des plus belles collections de peinture italienne du XXe siècle occupe un appartement des années 1930 conçu par Piero Portaluppi. L'art est au rendez-vous entre l'expressionnisme, le futurisme d'un Boccioni, les œuvres métaphysiques de Campigli et De Chirico ou celles des pionniers de l'Arte povera, Lucio Fontana et Piero Manzoni. (02 2024 0568 ; www.fondazioneboschidistefano.it ; Via Giorgio Jan 15 ; entrée libre ; 10h-18h mar-dim sept-juil, tlj août ; M Lima)

## Giardini Pubblici

JARDINS PUBLICS

2 Carte p. 44, D3

Les allées de graviers passent devant des auto-tamponneuses, un carrousel, une buvette, des ados qui se bécotent sur des bancs à l'ombre, des landaus et des parcours de jogging. Venez humer les massifs de rose ou rabattez-vous pas mauvais temps sur le muséum d'Histoire naturelle (p. 51). (Corso Venezia ; 6h30-coucher du soleil ; ; M Palestro)

## Museo Bagatti Valsecchi

MUSÉE

3 Carte p. 44, C4

Bien que nés quatre siècles plus tard, les frères Fausto et Giuseppe Bagatti

Le muséum d'Histoire naturelle

Valsecchi se passionnèrent pour la Renaissance. Entre 1878 et 1887, ils firent construire et transformèrent leurs demeures en musée vivant du Quattrocento (XVe siècle), allant jusqu'à camoufler discrètement dans un style rétro la baignoire en pierre avec eau courante, une avancée de leur époque. Inspirés des palais ducaux de Mantoue, les appartements croulent sous le mobilier Renaissance, les frises au plafond, les tapisseries et les peintures. (02 7600 6132 ; www.museobagattivalsecchi.org ; Via Gesù 5 ; tarif plein/réduit 8/4 €, mer 4 € ; 13h-17h45 mar-dim ; M Montenapoleone)

## Padiglione d'Arte Contemporanea ESPACE D'EXPOSITION

4 Carte p. 44, D3

Érigé en 1954 à l'emplacement des écuries du Palazzo Reale détruites par les bombardements alliés, le PAC constitue un modèle eprésentatif de l'architecture milanaise de l'après-guerre. Lui-même endommagé par un attentat mafieux à la bombe en 1993, il a été rebâti à l'identique en 1996 pour accueillir des expositions expérimentales multisupports. (PAC ; 02 7600 9085 ; www.comune.milano.it/pac ; Via Palestro 14 ; 14h30-19h30 lun, 9h30-19h30 mar-dim ; M Palestro)

## Museo Civico di Storia Naturale MUSÉUM D'HISTOIRE NATURELLE

5 Carte p. 44, D3

Conçu par Giovanni Ceruti en 1838 dans un style mauresque, ce musée fut l'un des premiers bâtiments du parc. Il visait à accueillir les collections du botaniste Giorgio Jan et du naturaliste Giuseppe de Cristoforis ayant trait à la botanique, à la minéralogie, à la géologie et à la paléontologie. Les présentations au cachet rétro plairont aux plus jeunes. (02 8846 3280 ; www.comune.milano.it/museostorianaturale ; Corso Venezia 55 ; tarif plein/réduit 3/1,50 € ; 9h-17h30 mar-dim ; ; M Palestro)

## Spazio Oberdan CINÉMATHÈQUE

6 Carte p. 44, E3

La *Cineteca* de Milan programme des films au rez-de-chaussée et des expositions photo ou vidéo à l'étage. L'architecte Gae Aulenti, plus connue pour son travail au musée d'Orsay à Paris, a réaménagé la salle de cinéma d'origine. (02 7740 6300 ; www.cinetecamilano.it ; Viale Vittorio Veneto 2 ; expositions 14h-17h mar-dim, séances 17h-21h30 mer-ven, 15h-21h30 sam, 11h-21h30 dim ; M Porta Venezia)

## E'SPA de Gianfranco Ferré SPA

7 Carte p. 44, C4

Le décor luxueux – stucs et bois cirés, sol en mosaïques noir et or, jardin privatif – invite à la volupté. Oubliez les rides et profitez du moment présent. La chromothérapie transforme votre douche en arc-en-ciel liquide et de subtiles huiles aromatiques embaument l'atmosphère. (02 7601 7526 ; www.gianfrancoferre.com ; Via Sant'Andrea 15 ; 10h-22h mar-ven, 10h-21h sam, 11h-20h dim ; M San Babila)

### Spiga 8 Spa de l'hôtel Baglioni

SPA

8 Carte p. 44, D4

Avec la promesse de vous redonner "la splendeur de votre jeunesse" le spa de Laura Elo propose des soins qu'on mangerait volontiers, à l'instar du masque visage au chocolat. Décor minimaliste tout de blanc. (02 4547 3111 ; www.baglionihotels.com ; Via della Spiga 8 ; soins à partir de 70 € ; M San Babila)

## Se restaurer

### Il Teatro

ITALIEN **€€€**

9 Carte p. 44, C4

Dans le cadre opulent et formel du restaurant de l'hôtel Four Seasons, le service se révèle d'une chaleur inattendue et la carte affiche des plats d'une élégante simplicité aux saveurs régionales. Produits artisanaux et de saison, menu dégustation quotidien. (02 7 70 88 ; www.fourseasons.com/milan ; Via Gesú 6/8 ; repas 65-90 € ; 19h30-23h lun-sam, 11h45-15h dim mi-sept à mi-juil ; P ; M Montenapoleone)

### Trattoria Temperanza 'Da Abele'

TRATTORIA **€**

10 Carte p. 44, H1

Cette trattoria traditionnelle à la décoration sans chichis (nappes en papier, photos en noir et blanc) se consacre à la réalisation du risotto parfait. On peut y goûter une centaine de versions différentes ainsi que de grands classiques comme le *brasato* (bœuf braisé). (02 261 38 55 ; Via Temperanza 5 ; risotto 9 € ; 20h-1h mar-dim ; M Pasteur)

### Lon Fon

CHINOIS **€€**

11 Carte p. 44, D2

Les superbes raviolis au veau et aux oignons, les rouleaux de printemps croquants et le poisson vapeur au gingembre de ce restaurant cantonais animé sont une valeur sûre. Aux fourneaux, Rita et Pui, la mère et la fille, improvisent avec bonheur en fonction des ingrédients de saison, tels les artichauts. (02 2940 5153 ; Via Lazzaretto 10 ; plats 30-45 € ; 12h-15h et 19h-23h30 ; M Repubblica)

Bon plan

### La carte des "maisons-musées"

La **Casemuseocard** (www.casemuseomilano.it ; 15 €) donne accès à trois maisons milanaises d'époque : le Palazzo Bagatti Valsecchi (p. 51), la Villa Necchi Campiglio conçue par Piero Portaluppi (p. 35) et le musée Poldi Pezzoli (p. 46) datant du XIXe siècle. Valable six mois, elle offre aussi 10% de réduction dans les boutiques de ces musées et s'achète sur place.

### Joia

ITALIEN, VÉGÉTARIEN €€€

12 Carte p. 44, D2

Les ingrédients de saison et les saveurs légères ont fait la réputation de Joia et de sa carte pleine de poésie (à l'image de ce plat d'hiver à base d'artichauts, de topinambours, de salsifis noirs et de grenade baptisé "Sous un manteau de neige"). Malgré ces noms un peu tirés par les cheveux, la cuisine végétarienne du chef Pietro Leeman change de la sempiternelle escalope milanaise et met en joie. (02 2952 2124 ; www.joia.it ; Via Panfilo Castaldi 18 ; plats 60-80 € ; 12h-14h30 lun-ven, 19h30-minuit lun-sam ; ; M Porta Venezia)

### Pizzeria Spontini

PIZZERIA €

13 Carte p. 44, G1

Une adresse qui vend des pizzas *al trancio* (à la part) de premier ordre cuites au feu de bois. Le décor en acier chromé et en verre dépoli a beau être nouveau, c'est la même recette de pâte à pizza qui rassasie depuis 1953 les adeptes du shopping sur le Corso Buenos Aires. (02 204 74 44 ; www.pizzeriaspontini.it ; Corso Buenos Aires 60 ; part 5 € ; 12h-14h30 et 18h-23h30 ; ; M Lima)

## Prendre un verre

### Pandenus

BAR

14 Carte p. 44, E2

Le nom vient du pain aux noix qui sortait jadis du four de cette boulangerie encore en fonctionnement. Les *focaccie*, les petites pizzas et les *bruschette* de son buffet apéritif au succès grandissant restent parmi les meilleures de la ville, aux côtés d'omelettes, de couscous et de salades. Le milieu artistique (la fondation Marconi se trouve à deux pas) vient y profiter du Wi-Fi gratuit et bruncher le week-end. (02 2952 8016 ; www.pandenus.it ; Via A Tadino 15 ; cocktails/brunch 8/20 € ; 7h-22h ; ; M Porta Venezia)

### HClub

BAR-RESTAURANT

15 Carte p. 44, E3

Niché au fond du hall du Sheraton, derrière un grand rideau en cuir, ce bar donnant sur un jardin propose un *aperitivo* des plus variés. Commandez un Bellini à la pêche fraîchement pressée et prélassez-vous près du jardin à l'éclairage doux. Musique internationale les mardi, mercredi et jeudi et brunch le week-end. (Diana Garden ; 02 2058 2034 ; www.hclub-diana.com ; Viale Piave 42 ; cocktails/brunch 10/33 € ; 10h-1h ; M Porta Venezia)

### La Belle Aurore

BAR

16 Carte p. 44, G4

Ce bar à l'ancienne prisé des habitants rappelle Buenos Aires avec ses tables de bistrot et ses affiches de paquebots. Une clientèle variée et détendue le fréquente du petit-déjeuner à l'apéritif et jusque tard en soirée pour discuter autour d'un verre. En été, terrasse sur le trottoir sous les arbres. (02 2940 6212 ; Via P G Abamonti 1 ; 8h30-2h lun-sam ; M Porta Venezia, 9, 23)

Comprendre

## Milan et la mode

Cordonniers, couturiers, tailleurs, chapeliers... Les artisans italiens chaussent, habillent et accessoirisent à la dernière mode les classes aisées européennes depuis le XIe siècle.

### La Renaissance

Alors que la Renaissance se propage dans les domaines de l'art, de la musique et de la littérature, la mode s'épanouit sous l'égide des célèbres Médicis de Florence. Les ornements, tissus et bijoux embellissant les chapeaux, résilles et autres couvre-chefs et les robes bouffantes en fil de lin fin, en soie ou en dentelle témoignent d'une mode ostentatoire, reflet de la richesse. Copiés et adaptés, les styles se répandent dans toute l'Italie et au-delà. La France adopte la chaussure à talon après l'accession de Catherine de Médicis au trône français, en 1547.

### Florence à Milan

Même si la mode italienne a ses origines à Florence, le contrôle trop strict bridant la créativité pousse les créateurs à se tourner vers d'autres horizons. Walter Albini rompt avec la tradition et organise son premier défilé à Milan en 1971. Loin de l'académisme florentin, il peut faire de nouvelles expériences. Il crée sa première collection de prêt-à-porter et renforce le rôle créatif du designer. Après ce succès retentissant, Milan commence à ravir à Florence le titre de capitale italienne de la mode.

### Capitale de la mode

L'accession de Milan au panthéon mondial de la mode n'a cependant rien d'un hasard. De par sa situation géographique, la ville entretient de longue date des liens étroits avec les marchés européens. Capitale italienne de la finance, de la publicité, des médias et de l'édition, elle abrite le siège des magazines *Vogue* et *Amica*. Par ailleurs, Milan se caractérise depuis toujours par une industrie textile s'appuyant sur la fabrication de tissu et de soie dans le nord de la Lombardie. Après la guerre, Milan devient la ville des grands salons et expositions, des lieux propices à l'échange de biens, d'idées et d'informations. Aussi, dans les années 1980, une nouvelle génération de créateurs – Armani, Versace, Prada, Ferragamo, Dolce & Gabbana – se lance dans la conquête du monde, transformant chaussures, sacs, parfums et lunettes de soleil en nouveaux révélateurs de la richesse et du statut social.

### Torrefazione Il Caffè Ambrosiano
CAFÉ, TRAITEUR

17 Carte p. 44, F2

Dans cette brûlerie, on déguste debout, accoudé au zinc en bois, le meilleur café de Milan, en essayant d'ignorer les douceurs proposées à la vente dans les vitrines rétro. Aux beaux jours, une terrasse donne la possibilité de s'asseoir et d'observer le va-et-vient du Corso Buenos Aires. Autre succursale Corso XXII Marzo 18. (02 2952 5069 ; www.torrefazioneambrosiano.it ; Corso Buenos Aires 20 ; 7h-20h ; M Porta Venezia)

### L'Elephante
BAR

18 Carte p. 44, F3

Les excellents cocktails sont aussi variés que la clientèle (gay, hétéro, habitués, touristes) arty et alternative dans un décor sombre à dominante noire, gris métallique et violet foncé. (02 2951 8768 ; Via Melzo 22 ; 18h30-2h mar-dim ; M Porta Venezia)

### Bar Basso
BAR

19 Carte p. 44, H2

C'est dans ce beau bar d'angle qu'a été inventé le Negroni *sbagliato* (manqué) dans lequel le prosecco remplace le gin et l'ingénieux concept du *mangia e bevi* (mange et boit) qui consiste à arroser une coupe géante de fraises, de sabayon et de glace à la noisette d'une généreuse rasade d'alcool. (02 2940 0580 ; www.barbasso.com ; Via Plinio 39 ; 9h-2h mer-lun ; M Lima)

### Armani Privé
CLUB

20 Carte p. 44, B4

Au sous-sol de l'immense boutique Armani, ce club à l'esthétique japonaise contemporaine subtile vous fera retrouver votre sérénité après la foire d'empoigne à l'entrée et le choc du prix des consommations (20 €). Silicone, botox et mèches péroxydées constituent un plus pour ne pas être refoulé. (02 6231 2655 ; Via Gastone Pisoni 1 ; 22h30-2h mar-sam sept-juin ; M Montenapoleone)

## Shopping

### Aspesi
MODE

21 Carte p. 44, C5

La taille de la boutique témoigne de la popularité de la marque Aspesi auprès des Italiens qui s'y fournissent en tenues idéales pour les week-ends à la montagne ou dans la région des lacs. Prix en deçà de la moyenne du quartier. (02 7602 2478 ; www.aspesi.com ; Via Montenapoleone 13 ; 10h-19h lun-sam ; M San Babila)

### Car Shoe
CHAUSSURES

22 Carte p. 44, D5

Passionné de courses automobiles, Gianni Mostile a lancé sa marque de chaussures en 1963 en créant un mocassin fait main à la semelle hérissée de picots en caoutchouc (pour que le pied ne glisse pas sur la pédale), qui sera brevetée par le ministère

Collier en vitrine, Pellini

italien de l'Industrie et du Commerce et deviendra culte auprès des grandes icônes du style comme JFK. Il existe désormais une collection pour femmes et enfants. (☎02 7602 4027 ; www.carshoe.com ; Via Della Spiga 1 ; ⌚10h-19h30 lun-sam, 11h-19h dim ; Ⓜ San Babila)

## Casadei

CHAUSSURES

23 Carte p. 44, C5

Talon vertigineux en métal et couleurs acidulées (vert, citron, orange) caractérisent la nouvelle chaussure emblématique de Casadei baptisée Blade. Les Milanaises rêvent de ces merveilles très tendance et cependant faciles à porter, littéralement placées sur un piédestal dans ce temple immaculé. (☎02 7631 8293 ; www.casadei.com ; Via Sant'Andrea 1 ; ⌚10h-19h ; Ⓜ San Babila)

## Driade

MOBILIER, DESIGN

24 Carte p. 44, C4

Dans les salles décorées de fresques d'un palais néoclassique, découvrez les dernières nouveautés design. Si le canapé imprimé pied-de-poule peut sembler un peu *too much* au milieu des angelots volants, Driade se montre à la hauteur en faisant preuve d'éclectisme dans le choix de matériaux atypiques et de grands designers internationaux. (☎02 7602 0359 ; www.driade.com ; Via Manzoni 30 ; ⌚10h-19h mar-ven, 13h-19h lun ; Ⓜ Montenapoleone)

## Etro

MODE, DÉCORATION D'INTÉRIEUR

25 Carte p. 44, C5

Les opulents motifs cachemires d'Etro se retrouvent dans toutes les maisons bourgeoises. Le fabricant de tissus né en 1968 s'est ouvert depuis au prêt-à-porter masculin et féminin. La boutique de déstockage Via Spartaco 3 écoule des cachemires à prix dégriffés. (☎02 7600 5049 ; www.etro.it ; Via Montenapoleone 5 ; ⌚10h-19h30 ; Ⓜ San Babila)

## Gallo

MODE, ACCESSOIRES

26 Carte p. 44, B4

Gallo a beau proposer de nouvelles collections chaque saison, les hommes d'affaires milanais ne jurent que par ses éternelles chaussettes à rayures, sans doute pour égayer en toute discrétion leur costume sévère. Large choix pour hommes, femmes, enfants et nouveau-nés en soie fine, en cachemire ou en fil de coton. (☎02 78 36 02 ; www.gallospa.it ; Via Manzoni 16 ; ⏰10h-19h ; Ⓜ Montenapoleone)

## Culti

ARTICLES POUR LA MAISON, MODE

27 Carte p. 44, D4

Culti décline une collection minimaliste et d'une simplicité agréable au toucher – sets de tables en lin, ustensiles de cuisine en bois blond, parfums d'intérieur, tuniques froissées – des plus attachantes. (☎02 78 06 37 ; www.culti.it ; Corso Venezia 53 ; ⏰10h-19h lun-sam ; Ⓜ Palestro). La marque a aussi ouvert un **spa** (☎02 485 17 588 ; www.cultidayspa.it ; Via Angelo Mauri 5 ; manucure à partir de 80 € ; ⏰11h-22h lun-sam, 10h-20h dim ; Ⓜ Conciliazione).

Bon plan

### Les *fashion weeks* milanaises

Quatre fois par an, lors des semaines de la mode milanaises, les présentations des collections des prochaines saisons donnent un aperçu de ce qui se portera dans le monde entier.

Les défilés homme automne-hiver ont lieu en janvier, suivis des défilés femme en février. La collection homme printemps/été est présentée en juin et la collection femme en septembre.

La **Camera nazionale della moda italiana** (Chambre nationale de la mode italienne ; www.cameramoda.it) fournit le détail des manifestations et un calendrier complet des défilés.

## Pellini

BIJOUX, ACCESSOIRES

28 Carte p. 44, B4

Pour des bijoux fantaisie, des sacs ou des accessoires capillaires uniques, jetez donc un œil à la boutique de Donatella Pellini qui perpétue l'art de fabriquer des bijoux au féminin depuis trois générations. La grand-mère de Donatella n'est autre que la célèbre costumière Emma Pellini. Ces belles créations faites main affichent des tarifs plus que corrects. (☎02 7600 8084 ; www.pellini.it ; Via Manzoni 20 ; ⏰15h30-19h30 lun, 9h30-19h30 mar-sam fermé en août ; Ⓜ Montenapoleone)

## Sermoneta

ACCESSOIRES

29 Carte p. 44, C4

Cette petite boutique de la Via della Spiga vend aussi bien des gants traditionnels cousus main en cuir de vachette que des modèles plus inhabituels en cuir de poney ou de pécari. (☎02 7631 8993 ; www.sermonetagloves.com ; Via della Spiga 46 ; Ⓜ Montenapoleone)

Explorer

# Brera

Les étroites rues pavées et les immeubles anciens de Brera rappellent que Milan n'a pas toujours été une métropole moderne. Au centre du quartier se dresse depuis le XVII$^{e}$ siècle le Palazzo di Brera, un ancien collège jésuite accueillant l'Accademia di Belle Arti, la célèbre école des Beaux-Arts milanaise. Autour gravitent des musées, des restaurants branchés, des bars animés et des boutiques innovantes, sans oublier la coquette Via Madonnina.

## L'essentiel en un jour

Pour le petit-déjeuner, commandez chez **Princi** (p. 67) avant la bousculade de 10h des mini-croissants (*cornetti*) à la pâte à tartiner et de superbes tartes aux fruits à déguster sur la place. Rejoignez-ensuite paisiblement au sud la **Pinacoteca di Brera** (p. 60) afin d'y découvrir sa collection de toiles de maîtres joliment présentées par courants picturaux, en adéquation avec la fonction initiale du musée qui était de compléter les cours des Beaux-Arts.

Pour vous remettre de tous ces trésors, accordez-vous une pause au café du rez-de-chaussée de la pinacothèque en compagnie des étudiants à dreadlocks. Sinon, gagnez la Via Pontaccio et déjeunez debout de fromage et de saucisson au bar à huile d'olive **Chiù** (p. 67).

En fin de journée, direction la **Basilica di San Simpliciano** (p. 65) qui accueille souvent des concerts de musique classique et des chorales. Ensuite, si vous avez la tenue adéquate, poussez jusqu'au **Bulgari Hotel** (p. 68) où se tient l'*aperitivo* le plus élégant de Milan, face à un beau jardin privatif.

### Les incontournables

Pinacoteca di Brera (p. 60)

### Le meilleur du quartier

**Art**

Pinacoteca di Brera (p. 60)

**Restaurants**

Maxelâ (p. 66)

Pescheria da Claudio (p. 67)

Ristorante Solferino (p. 66)

Latteria di San Marco (p. 66)

**Mode**

La Vetrina di Beryl (p. 70)

**Bars et cafés**

Bulgari Hotel (p. 68)

N'Ombra de Vin (p. 68)

Caffeteria degli Atellani (p. 68)

### Comment y aller

M **Métro** Quatre stations de métro encerclent le quartier. Les plus pratiques pour la pinacothèque sont Montenapoleone (ligne jaune MM3) et Lanza (ligne verte MM2). Moscova (ligne MM2) dessert les boutiques et les restaurants au nord.

**Tram** La ligne 1 rejoint l'artère commerçante de Via Vetero.

## Les incontournables
# La Pinacoteca di Brera

Installée à l'étage de l'Accademia di Brera (l'une des plus prestigieuses écoles d'art de la Péninsule), la pinacothèque présente une remarquable collection de toiles de maîtres rassemblées pour la plupart par Napoléon Ier en spoliant Venise. Si Rembrandt, Goya et Van Dyck ont droit de cité, on vient surtout pour les grands artistes italiens, de Titien au Tintoret, de Véronèse aux frères Bellini. Beaucoup d'œuvres frappent par leur charge émotionnelle, telle cette saisissante *Lamentation sur le Christ mort* de Mantegna.

Carte p. 64, C4

02 7226 3264

www.brera.beniculturali.it

Via Brera 28

Tarif plein/réduit 6/3 €

8h30-19h15 mar-dim

M Lanza

Pinacoteca di Brera

# À ne pas manquer

## Fresques lombardes

La visite débute par un festival de chefs-d'œuvre de la Renaissance tapissant un couloir, des *Hommes d'armes* de Donato Bramante aux fresques de Bernardino Luini provenant de l'église Santa Maria della Pace (détruite) et de la Villa Pelucca. Si les tableaux de Luini représentant des jeunes filles joueuses et la célébration de Pâques trahissent l'influence de Léonard de Vinci, mélangeant innovations Renaissance et scènes typiquement milanaises, les soldats de Bramante, peints pour la "chambre des barons" de la Casa Visconti, témoignent de l'apport de la perspective pour créer l'illusion. Vues d'en bas (comme c'était le cas dans la chambre), les gigantesques silhouettes des soldats se détachent du cadre architectural.

## Oratorio di Mocchirolo

À gauche de l'entrée, la salle IA renferme la reconstitution de la chapelle de Mocchirolo et de son splendide cycle de fresques, attribuées à Giotto. Notez la scène de la *Crucifixion* qui illustre le talent du peintre pour la narration visuelle et le réalisme expressif.

## Bellini et Mantegna

Dans la salle VI, les œuvres de Giovanni Bellini et d'Andrea Mantegna font partie des pièces maîtresses de la section vénitienne. Comme Bramante avant lui, Mantegna se passionnait à la fois pour le sens rigoureux de la perspective et le classicisme, qu'il associe dans un raccourci saisissant dans sa *Lamentation sur le Christ mort*. Bien qu'influencé par Mantegna, Bellini s'inscrit dans une humanisation graduelle du sujet que soulignent les effets de couleur et de lumière du

## ☑ À savoir

- Prévoyez au moins une demi-journée pour voir les 38 salles sans courir.
- La pinacothèque se trouve au 1er étage. Les escaliers se situent dans la cour, derrière le bronze de Canova représentant Napoléon.
- Des audioguides en français, italien et anglais sont disponibles à la location (5 €).
- Derrière la vitre de l'atelier de restauration, ne ratez pas les restaurateurs au travail.

## Une petite faim ?

Rejoignez après la visite la sympathique clientèle estudiantine du café au rez-de-chaussée pour siroter une bière Peroni.

Allez grignoter au comptoir du bar Chiù (p. 67) des assiettes de fromage et de charcuterie. Le soir, N'Ombra de Vin (p. 68) propose des dégustations de vin et une cuisine de bistrot.

paysage entourant de ses madones aux yeux tristes et sa *Pietà* d'une grande tendresse.

### Titien, Véronèse et le Tintoret

La Renaissance connaît son apogée à Venise au XVIe siècle où évoluent entre autres artistes talentueux Tiziano Vecellio dit Titien, Paolo Caliari dit Véronèse et Jacopo Robusti dit le Tintoret. Face au déclin de Rome et l'oppression de la morale (dont les Vénitiens licencieux se moquent) ailleurs en Italie, Venise peut se prévaloir de la richesse des doges et d'un gouvernement puissant et stable, propices à l'épanouissement du mécénat et des arts avec Titien comme personnage principal. La salle IX réunit certains des plus beaux chefs-d'œuvre de l'époque dont un *Saint Jérôme* de Titien et *Le Dîner chez Simon* de Véronèse.

### La collection Jesi (XXe siècle)

Cette collection, léguée en 1984 par Emilio Jesi, prend place sur le côté de la salle VIII. Elle comprend 12 sculptures et 68 toiles acquises entre les années 1930 et 1950 qui changent des œuvres religieuses de la galerie principale. Parmi ces tableaux futuristes pleins de vie figurent la formidable *Rixe dans la galerie* de Boccioni et *La Muse métaphysique* de Carlo Carrà.

### L'école d'Urbin

Grand peintre du début de la Renaissance, Piero della Francesca est engagé par le comte Montefeltro

## La Pinacoteca di Brera

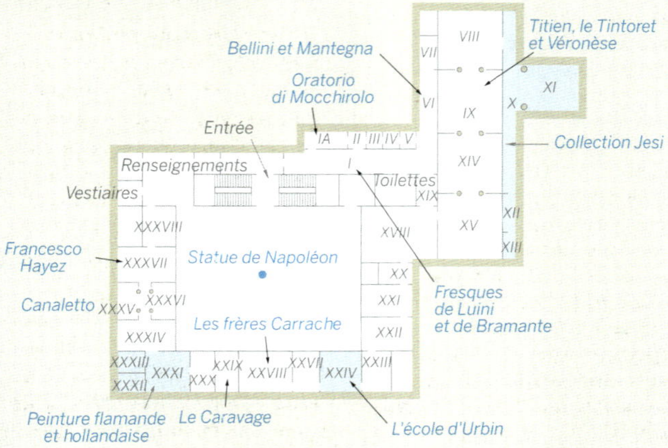

d'Urbin en 1474. On doit à cet artiste et mathématicien toscan, surtout connu pour son cycle de fresques sur la *Légende de la vraie croix* dans la Basilica di San Francesco d'Arezzo, le retable monumental de Montefeltro dit aussi *Vierge à l'enfant* (1472-1474). Clou de la salle XXIV, il contraste avec la représentation moins stricte et plus naturelle du *Mariage de la Vierge* peint par Raphaël en 1504.

## Le Caravage

Les palais sombres et les couleurs étincelantes de l'école baroque émilienne de la fin du XVIe et du début du XVIIe siècles ne préparent pas au choc émotionnel que procure la vue du seul Caravage de la Pinacothèque, *Le Souper à Emmaüs,* dans la salle XXIX sombre et austère. Le classicisme formel de Raphaël et les effets maniéristes des frères Carrache font place à un puissant naturalisme, délimité par un jeu de clair-obscur conflictuel.

## Maîtres flamands

Une petite sélection de peintures flamandes et hollandaises (salles XXXI à XXXIII) vient compléter l'immense fonds italien de la Pinacothèque. Des toiles de Rubens, Rembrandt et Van Dyck arrivèrent du Louvre en 1813 et, en 1855, Peter Oggioni fit don de tableaux de maîtres de l'école d'Anvers (Jan de Beer) et d'artistes allemands (Herman Rode, Hans Memling). À la lumière de tout ce qui a précédé, l'influence de la Renaissance saute aux yeux.

*Le Baiser* de Francesco Hayez (1859)

## Le XIXe siècle

Les dernières salles portent sur le début du XIXe siècle, époque à laquelle la pinacothèque gagne en notoriété. Les œuvres d'art se font plus légères, empreintes du romantisme et du patriotisme découlant de l'unité italienne. On passe des représentations pittoresques de Venise par Canaletto aux portraits de la noblesse lombarde de Francesco Hayez, directeur à l'académie et auteur du *Baiser* (1859). Ce tableau dont l'intense luminosité symbolise les espoirs du Risorgimento a été l'un plus reproduits de la Pinacothèque.

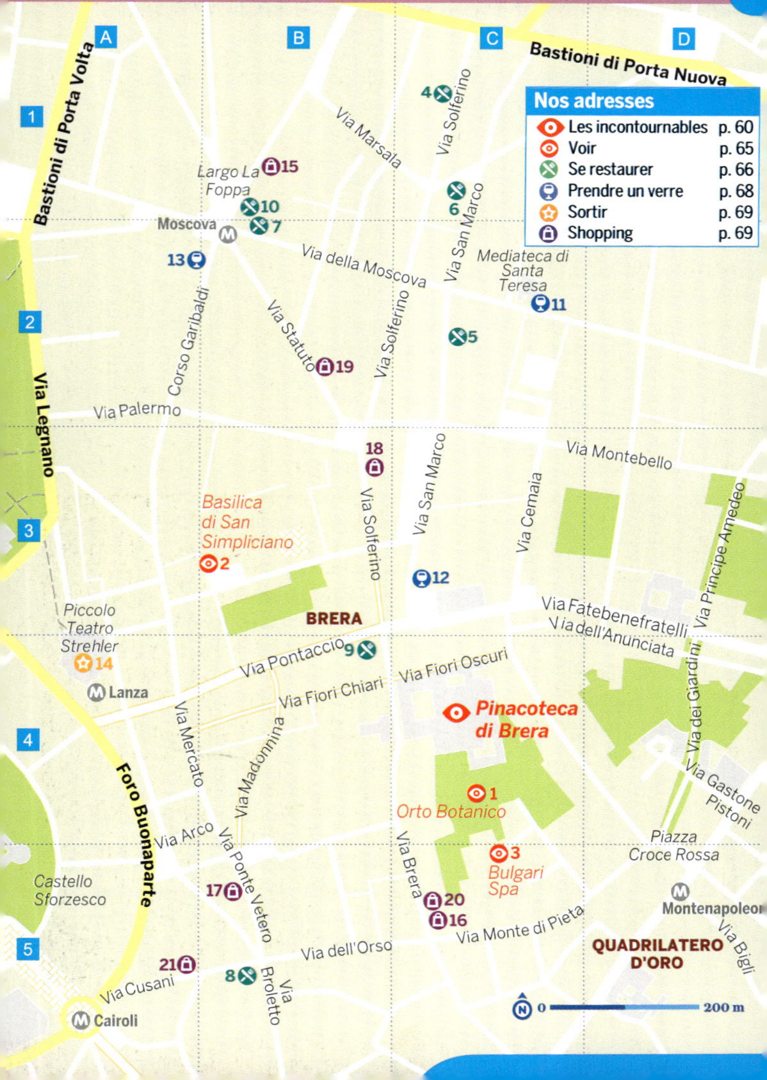
Nos adresses
Les incontournables p. 60
Voir p. 65
Se restaurer p. 66
Prendre un verre p. 68
Sortir p. 69
Shopping p. 69
A
B
C
D
1
2
3
4
5
Bastioni di Porta Nuova
Bastioni di Porta Volta
Via Legnano
Foro Buonaparte
Largo La Foppa
Moscova
Via Marsala
Via Solferino
Via San Marco
Via della Moscova
Mediateca di Santa Teresa
Corso Garibaldi
Via Statuto
Via Palermo
Via Montebello
Via Cemaia
Via Principe Amedeo
Basilica di San Simpliciano
BRERA
Piccolo Teatro Strehler
Lanza
Via Pontaccio
Via Fiori Chiari
Via Fiori Oscuri
Via Fatebenefratelli
Via dell'Anunciata
Via dei Giardini
Via Gastone Pistoni
Pinacoteca di Brera
Orto Botanico
Bulgari Spa
Via Mercato
Via Madonnina
Via Arco
Via Ponte Vetero
Via Brera
Castello Sforzesco
Piazza Croce Rossa
Montenapoleon
Via Bigli
Via Monte di Pietà
Via dell'Orso
QUADRILATERO D'ORO
Via Cusani
Via Broletto
Cairoli
0 200 m
1
2
3
4
5
6
7
8
9
10
11
12
13
14
15
16
17
18
19
20
21

# Voir

## Orto Botanico

JARDIN BOTANIQUE

1 Carte p. 64, C4

En 1777, l'impératrice Marie-Thérèse transforma un ancien potager jésuite en lieu d'étude pour les botanistes amateurs (en vogue au siècle des Lumières) et y fit notamment planter un *gingko biloba* devenu immense. Ce jardin parfumé qui abrite toujours derrière ses murs des plantes médicinales repose agréablement après la visite de la Pinacothèque. (Via Brera 28 ; entrée libre ; 9h-12h et 13h-16h lun-ven ; M Montenapoleone)

## Basilica di San Simpliciano

ÉGLISE

2 Carte p. 64, B3

San Simpliciano est l'une des quatre églises milanaises édifiées par saint Ambroise (évêque de Milan de 374 à 397), à l'emplacement d'un cimetière paléochrétien. Derrière une façade de style roman en briques rouges, une superbe fresque de Bergognone, le *Couronnement de la Vierge* (1515), orne l'abside. Les saints Sisinio, Martirio et Alessandro reposent dans l'église. On raconte qu'ils se seraient envolés sous la forme de colombes pour encourager la Ligue lombarde lors de la bataille de Legnano (1176) que Frédéric Ier

Basilica di San Simpliciano

Barberousse perdit. (☎02 86 22 74 ; www.sansimpliciano.it ; Piazza San Simpliciano 7 ; entrée libre ; 9h-12h et 14h15-19h lun-ven, 9h30-19h sam-dim ; M Lanza)

### Spa Bulgari SPA

3 Carte p. 64, C5

Cet espace chaleureux et enveloppant, au sous-sol de l'hôtel conçu par l'architecte Antonio Citterio, a un effet apaisant immédiat. Les soins d'aromathérapie Espa ciblent les points de tension. Vous pouvez rentabiliser le tarif prohibitif en plongeant dans la magnifique piscine en mosaïques dorées ou en vous prélassant au sublime hammam. (☎02 805 80 51 ; www.bulgarihotel.com ; Via Privata Fratelli Gabba 7b ; M Montenapoleone)

## Se restaurer

### Shiki JAPONAIS €€

4 Carte p. 64, C1

Ce restaurant à la décoration élégante (tons blancs sur fond noir, rideaux soyeux, lustres clinquants) a des airs de salon parisien décadent. La carte bien pensée et la liste des vins ont conquis les Milanais qui encensent la fraîcheur des palourdes et du poisson cru. Pas étonnant que les Milanais argentés et les fashionistas adorent. (☎02 2900 3345 ; www.shikimilano.it ; Via Solferino 35 ; repas 35-45 € ; 12h-15h lun-ven, 20h-2h tlj ; ❄ ; M Moscova)

### Latteria di San Marco TRATTORIA €

5 Carte p. 64, C2

Si vous trouvez une place dans ce petit restaurant toujours très fréquenté (une ancienne crémerie), vous y dégusterez des classiques comme les *spaghetti alla carbonara* ainsi que les créations du chef Arturo – *polpettine al limone* (boulettes de viande au citron), *riso al salto* (galettes de riz). La carte, principalement bio, évolue sans arrêt. (☎02 659 76 53 ; Via San Marco 24 ; repas 18-25 € ; 19h-23h lun-ven ; 👪 ; M Moscova)

### Ristorante Solferino MILANAIS €€€

6 Carte p. 64, C1

On salive ici depuis plus d'un siècle devant de copieux classiques entre l'osso bucco au risotto, d'inattendus *tortelloni* de poisson délicieux et de nombreux mets végétariens. Les vedettes de cinéma italien font un écart à leur régime pour les pâtisseries maison du chef et les journalistes perdent toute objectivité face à l'excellente sélection de vins. (☎02 2900 5748 ; www.ilsolferino.com ; Via Castelfidardo 2 ; repas 45-60 € ; ❄ ; 🖉 ; M Moscova)

### Maxelâ GRILLADES DE VIANDE €€

7 Carte p. 64, B2

Les gros appétits commanderont l'énorme *bistecca fiorentina* (1 kg) de la maison. À la première bouchée, la tendreté de la viande de race Fassone

100% milanais

**Cru comme un sushi**

À l'instar des Japonais, les Italiens aiment le poisson cru (*crudo*). Celui-ci présente des caractéristiques de goût et de texture similaires aux sushis, un équilibre d'apparence simple entre saveurs salées et acides. L'huile d'olive, le vinaigre, le citron, le sel de mer et le poivre remplacent la sauce soja, les condiments marinés et le wasabi. Les Milanais en raffolent dans sa version italienne, nippone ou mixte et parlent souvent de "sushi" pour désigner toute forme de poisson cru. Essayez le poisson ultra-frais de Da Claudio (p. 67), les sushis et sashimis de l'élégant Sushi Koboo (p. 110) ou la cuisine fusion milano-nippone des luxueux Zero (p. 99) et Shiki (p. 66).

saupoudrée de cristaux de sel donne envie de pleurer de joie. Goûtez entre amis le carpaccio de bœuf délicatement assaisonné et le salami artisanal. (02 2906 2926 ; www.maxela.it ; Via della Moscova 50 ; repas 18-30 € ; ❄ ; M Moscova)

## Pescheria da Claudio

POISSON ET FRUITS DE MER €€

8 Carte p. 64, B5

On vient ici pour un déjeuner d'affaires ou pour dîner tôt de *pesce crudo* (poisson cru). Les assiettes remplies de thon mariné, d'un assortiment de saumon, thon et poisson blanc aux pistaches ou d'un carpaccio de poulpe légèrement blanchi se consomment au bar face à l'étalage, avec un vin blanc pétillant. Pour un repas moins rapide, choisissez le restaurant dépouillé noir et blanc à l'étage. (02 805 68 57 ; www.pescheriadaclaudio.it ; Via Cusani 1 ; repas 35-55 € ; 8h30-14h30 et 16h-21h mar-sam ; ❄ ; M Cairoli, 3, 4)

## Chiù

BAR À MOZZARELLA, TRAITEUR €

9 Carte p. 64, B4

Ce traiteur propose les meilleures mozzarella *di bufala* et *burrata* de Milan, en provenance directe de Campanie. À accompagner d'une assiette de jambon et de *caponata* (salade d'aubergines) et à déguster au bar à huile d'olive. Imbibez d'or liquide le pain et appréciez la texture fraîche et crémeuse du fromage. (02 805 22 96 ; Via Pontaccio 5 ; repas 8-15 € ; 10h30-15h et 16h30-20h mar-ven, fermeture à 18h30 lun et sam ; ❄ ; M Lanza)

## Princi

BOULANGERIE €

10 Carte p. 64, B1

Toutes les boulangeries Princi n'ont pas la même allure. Celle-ci tout comme celle de Via Speronari, bénéficie d'un beau design et reste ouverte tard pour les envies de viennoiseries artisanales, focaccia au *stracchino* et tartes aux fruits. (02 2906 0832 ; www.princi.it ; Piazza XXV Aprile 5 ; viennoiseries à partir de 2,50 € ; 7h-2h ; M Moscova, Garibaldi)

TULLIO M. PUGLIA/STRINGER / GETTY IMAGES ©

Piccolo Teatro Strehler

# Prendre un verre

## Bulgari Hotel

BAR D'HÔTEL

3 Carte p. 64, C5

Sous les sculptures botaniques géantes du bar aux tons ocre ou en terrasse face au jardin d'un vert éclatant, l'*aperitivo* constitue une expérience intense typiquement milanaise. L'un des vins les plus abordables a beau coûter 20 €, le prix reste raisonnable pour le spectacle. (☎ 02 805 80 51 ; www.bulgarihotel.com ; Via Privata Fratelli Gabba 7/b ; ⌚7h30-1h ; Ⓜ Montenapoleone)

## Caffeteria degli Atellani

CAFÉ, BAR

11 Carte p. 64, C2

L'un des meilleurs bars milanais, le café Atellani alias Il Cubo se situe près de la médiathèque Santa Teresa. Ce cube de verre s'inspire d'une serre tropicale et donne sur un paisible jardin. Vaste choix de vins italiens derrière le long bar aux lignes épurées à associer à des plats contemporains légers après avoir fait un tour à la librairie consacrée au cinéma. (☎ 02 3653 5959 ; www.atellani.it ; Via della Moscova 28 ; ⌚8h30-21h30 lun-ven, 9h30-19h30 sam-dim ; 📶 ; Ⓜ Moscova)

## N'Ombra de Vin
BAR À VIN

12 Carte p. 64, C3

Aménagée dans un ancien réfectoire augustin, cette *enoteca* organise des dégustations à tout moment et se double d'un petit bistrot si l'alcool vous a ouvert l'appétit. Des artichauts et de la chapelure agrémentent le traditionnel risotto à la milanaise et les asperges blanches s'accompagnent d'œufs de caille. (☎02 659 96 50 ; www.nombradevin.it ; Via San Marco 2 ; ⏲9h-minuit lun-sam ; Ⓜ Moscova)

## Moscatelli
BAR

13 Carte p. 64, A2

Ouvert depuis la guerre franco-autrichienne de 1859, ce bar très fréquenté n'en arbore pas moins une décoration années 1950. Le vin, à l'honneur, peut s'accompagner d'une assiette de *coppa* (charcuterie) et de pain. (☎02 655 46 02 ; Corso Garibaldi 93 ; ⏲8h-1h lun-sam ; Ⓜ Moscova)

# Sortir

## Piccolo Teatro Strehler
THÉÂTRE

14 Carte p. 64, A4

Cette salle conçue par l'architecte et designer Marco Zanuso a ouvert en grande pompe en 1998 pour pallier la taille réduite du théâtre d'origine. Elle est depuis devenue l'un des pôles culturels de Milan. Le vaste complexe comprend aussi le Teatro Studio, Via Rivoli 6. (☎02 4241 1889 ; www.piccoloteatro.org ; Largo Greppi ; ⏲billetterie 10h-18h45 lun-sam, 13h-18h30 dim ; Ⓜ Lanza)

# Shopping

## asap
MODE

15 Carte p. 64, B1

asap (as sustainable as possible) a fait des pulls, cachemires et cuirs en matériaux recyclés locaux, son fonds de commerce. Les modèles, sympas et uniques, rehaussés de superbes détails, interrogent l'éternel cycle de la mode, qui va de l'attrait de la nouveauté à l'oubli. Que pourrait porter d'autre une fille à la mode ? (☎02 659 81 57 ; www.asaplab.it ; Corso Garibaldi 104 ; ⏲15h30-19h30 lun, 10h30-19h30 mar-ven ; Ⓜ Moscova)

100% milanais

### Art à la mode

Outre les galeries indépendantes de Brera, l'art contemporain milanais a toute sa place dans un certain nombre de fondations privées. Les fondations Prada (p. 108), **Trussardi** (☎02 806 88 21 ; www.fondazionenicolatrussardi.com ; Piazza della Scala 5) et Arnaldo Pomodoro (p. 115) présentent toutes des expositions d'œuvres innovantes qui valent le coup d'œil. Elles retiennent l'attention par leur envergure et leur aspect souvent provocateur.

### Cavalli e Nastri

MODE VINTAGE

16 Carte p. 64, C5

Toujours très soucieux de leur apparence et du qu'en-dira-t-on, les Milanais ont longuement hésité avant de se tourner vers les vêtements et les accessoires vintage, mais cette boutique haute en couleur au cœur de Brera a décidé de relever le défi et d'ouvrir la voie. Les articles proposés sont essentiellement issus de collections de maisons de couture italiennes mythiques du début et du milieu du XXe siècle. (02 7200 0449 ; www.cavallienastri.com ; Via Brera 2 ; 10h-19h ; M Ponte Vetero)

### Fabriano

PAPETERIE, ACCESSOIRES

17 Carte p. 64, B5

Les amateurs de papeterie ne seront pas les seuls à craquer pour Fabriano. Tous les articles, des simples carnets aux trousses en lin en passant par les porte-clefs fantaisie en cuir, ont des finitions parfaites. Accueil charmant et beaux paquets cadeaux. (02 7631 8754 ; www.fabrianoboutique.com ; Via Ponte Vetero 17 ; 13h-19h30 lun, 10h-19h30 mar-sam ; M Cairoli, 1)

### Kristina Ti

MODE

18 Carte p. 64, B3

Kristina Ti conçoit de ravissants vêtements féminins. Combinaisons et

CRISTINA FUMI / ALAMY ©

*Carnival* de Cherdsak Wangprachanont, 2011 Elephant Parade

lingerie joliment empaquetées font de beaux cadeaux. (☎02 65 33 79 ; www.kristinati.com ; Via Solferino 18 ; ⏲10h-19h ; Ⓜ Moscova)

## La Vetrina di Beryl

CHAUSSURES

19 Carte p. 64, B2

Le nom de Barbara Beryl était connu des initiés du monde entier bien avant l'engouement féminin pour Manolo Blahnik. Cette boutique d'apparence anodine décline un choix de chaussures digne d'une séance photo de *Vogue Italia*. À noter aussi, un ou deux portants de vêtements. (☎02 65 42 78 ; Via Statuto 4 ; ⏲10h-19h lun-sam ; Ⓜ Moscova)

## Rigadritto

CADEAUX

20 Carte p. 64, C5

Une montagne d'autocollants, de trombones, de stylos et de fournitures fantaisie remplit cette petite boutique graphique pleine de couleurs. Les T-shirts de chien et de chat qui transforment les humains en animaux de compagnie font sourire. (☎02 8058 2936 ; www.rigadritto.com ; Via Brera 6 ; ⏲10h30-19h30 ; Ⓜ Montenapoleone)

## Zeis House

CHAUSSURES

21 Carte p. 64, A5

La bruine et les pavés milanais peuvent vite rendre le port de talons hauts infernal, aussi emboîtez le pas des habitants qui portent des tennis Bikkemberg en journée. Il existe même des modèles en cuir verni ou métallisé pour ne pas renoncer au glamour. (☎02 8691 5563 ; www.zeisexcelsa.it ; Via Cusani 10 ; ⏲10h-19h mar-dim ; Ⓜ Cairoli)

Explorer

# Parco Sempione et Porta Garibaldi

Un passage sous les imposants remparts du Castello Sforzesco permet d'accéder aux musées du château et à l'oasis de verdure du Parco Sempione qui, instantanément, font oublier la ville moderne. La silhouette imposante de la Triennale di Milano se dresse à la lisière sud-ouest du parc, tandis que les gratte-ciel de Porta Nuova et les bourdonnants Corso Como et Corso Garibaldi, deux boulevards à l'ambiance détendue en été, se trouvent au nord-est.

## L'essentiel en un jour

Commencez par découvrir la série de musées du **Castello Sforzesco** (p. 76). Parmi ces sept musées, ne manquez pas le Museo d'Arte Antica pour sa collection remarquable retraçant l'histoire de Milan et les fresques ornant certaines de ses salles signées Léonard de Vinci.

Passez la pause déjeuner dans le jardin à l'arrière du château, le **Parco Sempione** (p. 80) en prenant place dans le patio ou à l'étage du **Bar Bianco** (p. 81). Traversez ensuite le parc pour gagner la **Triennale di Milano** (p. 78) ou le **Studio Museo Achille Castiglioni** (p. 82). Par beau temps, grimpez au sommet de la **Torre Branca** (p. 81) de Giò Ponti qui offre une belle vue sur les arbres et le plan d'eau du parc.

Pour conclure la journée, optez pour un *aperitivo* au musée du Design ou un cocktail chic dans un cadre privilégié au **10 Corso Como** (p. 82) dans l'avenue piétonne éponyme.

Pour un itinéraire d'une journée au Parco Sempione, reportez-vous p. 80.

### Les incontournables

Castello Sforzesco (p. 76)

Triennale di Milano (p. 78)

### 100% milanais

Parco Sempione

### Le meilleur du quartier

**Design**

Triennale di Milano (p. 78)

Studio Museo Achille Castiglioni (p. 82)

**Architecture**

Stazione Centrale (p. 82)

**Histoire**

Castello Sforzesco (p. 76)

Cimitero Monumentale (p. 82)

**Jardins**

Parco Sempione (p. 80)

**Vie nocturne**

Blue Note (p. 87)

### Comment y aller

**M Métro** La ligne rouge MM1 (arrêts Cadorna et Cairoli) dessert le château et la Triennale. Empruntez la ligne verte MM2 (arrêt Porta Garibaldi) pour le cimetière, Corso Como et Isola.

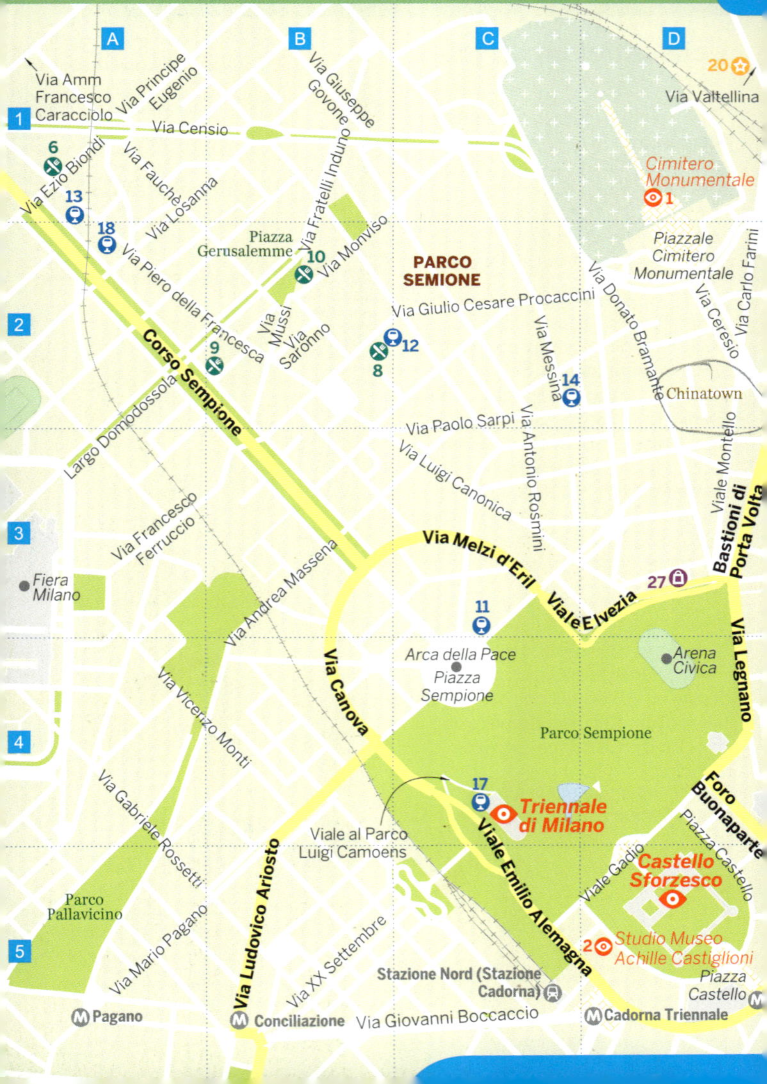
A
B
C
D
1
2
3
4
5
Via Amm Francesco Caracciolo
Via Principe Eugenio
Via Censio
Via Giuseppe Govone
20
Via Valtellina
Cimitero Monumentale
1
6
Via Ezio Biondi
Via Fauché
Via Losanna
Via Fratelli Induno
13
18
Piazza Gerusalemme
10
Via Monviso
PARCO SEMIONE
Piazzale Cimitero Monumentale
Via Carlo Farini
Via Piero della Francesca
Via Mussi
Via Saronno
Via Giulio Cesare Procaccini
Via Donato Bramante
Via Ceresio
12
8
9
Corso Sempione
Via Messina
14
Chinatown
Largo Domodossola
Via Paolo Sarpi
Via Antonio Rosmini
Via Luigi Canonica
Viale Montello
Bastioni di Porta Volta
Via Francesco Ferruccio
Via Melzi d'Eril
Fiera Milano
27
Via Andrea Massena
Viale Elvezia
11
Via Legnano
Arena Civica
Arca della Pace
Piazza Sempione
Via Canova
Via Vicenzo Monti
Parco Sempione
17
Triennale di Milano
Foro Buonaparte
Via Gabriele Rossetti
Viale al Parco Luigi Camoens
Viale Emilio Alemagna
Piazza Castello
Viale Gadio
Castello Sforzesco
Parco Pallavicino
Via Ludovico Ariosto
Via XX Settembre
2
Studio Museo Achille Castiglioni
Via Mario Pagano
Stazione Nord (Stazione Cadorna)
Piazza Castello
Pagano
Conciliazione
Via Giovanni Boccaccio
Cadorna Triennale

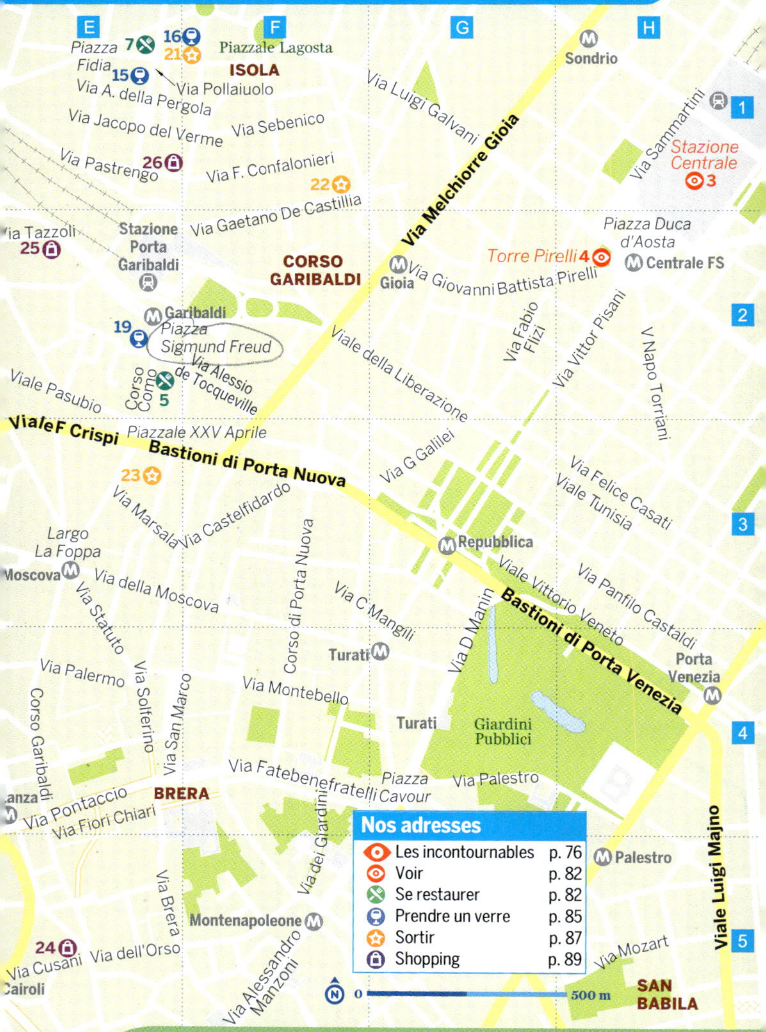
E
F
G
H
1
2
3
4
5
Piazza Fidia
7
16
21
15
Piazzale Lagosta
ISOLA
Via Pollaiuolo
Via A. della Pergola
Via Jacopo del Verme
Via Sebenico
Via Pastrengo
26
Via F. Confalonieri
22
Via Luigi Galvani
Sondrio
Via Melchiorre Gioia
Via Sammartini
Stazione Centrale
3
Via Tazzoli
25
Stazione Porta Garibaldi
Via Gaetano De Castillia
CORSO GARIBALDI
Gioia
Via Giovanni Battista Pirelli
Torre Pirelli 4
Piazza Duca d'Aosta
Centrale FS
Garibaldi
19
Piazza Sigmund Freud
Via Alessio de Tocqueville
Corso Como
5
Viale Pasubio
Viale della Liberazione
Via Fabio Filzi
Via Vittor Pisani
V Napo Torriani
Viale F Crispi
Piazzale XXV Aprile
Bastioni di Porta Nuova
23
Via G Galilei
Via Felice Casati
Viale Tunisia
Via Marsala
Via Castelfidardo
Largo La Foppa
Moscova
Via della Moscova
Via Statuto
Corso di Porta Nuova
Repubblica
Via C Mangili
Viale Vittorio Veneto
Via Panfilo Castaldi
Via D Manin
Bastioni di Porta Venezia
Porta Venezia
Turati
Via Palermo
Via Solferino
Via San Marco
Via Montebello
Corso Garibaldi
Turati
Giardini Pubblici
Via Fatebenefratelli
Piazza Cavour
Via Palestro
BRERA
Lanza
Via Pontaccio
Via Fiori Chiari
Via dei Giardini
Nos adresses
Les incontournables p. 76
Voir p. 82
Se restaurer p. 82
Prendre un verre p. 85
Sortir p. 87
Shopping p. 89
Palestro
Viale Luigi Majno
Via Brera
Montenapoleone
24
Via Cusani
Via dell'Orso
Cairoli
Via Alessandro Manzoni
0
500 m
Via Mozart
SAN BABILA

## Les incontournables
# Le Castello Sforzesco

Monument emblématique de Milan construit en briques rouges, le château des Visconti fut par la suite la résidence de la puissante dynastie des Sforza qui régna sur Milan à la Renaissance. Touche-à-tout de génie, Léonard de Vinci en conçut les fortifications et Napoléon Ier fit assécher les douves et retirer les ponts-levis. Ce château regroupe désormais sept musées illustrant des pans intéressants de l'histoire culturelle et civile de Milan, de la tombe équestre médiévale de Bernabò Visconti à la sculpture *Pietà Rondanini*, dernier chef-d'œuvre inachevé de Michel-Ange.

Carte p. 74, D5

02 8846 3700

www.milanocastello.it

Piazza Castello

tarif plein/réduit 3/1,50 €

musées 9h-17h30 mar-dim

M Cairoli

Le Castello Sforzesco

# À ne pas manquer

## L'architecture

Pour asseoir leur pouvoir, les Sforza souhaitaient conférer au château une allure massive. Francesco Sforza chargea l'architecte florentin le Filarete d'ériger la tour de l'entrée principale en 1452 afin d'adoucir l'aspect de la forteresse et en faire une résidence élégante. Des bastions ornés de granit *serizzo* taillé en pointes de diamant jalonnent les remparts. Galeazzo Maria Sforza ajouta ultérieurement des portiques Renaissance aux cours de la Rochetta et Ducale pour les embellir. Plus tard, Ludovico Sforza (1452-1508) demandera à Léonard de Vinci de décorer les appartements des ducs aux belles voûtes en pavillon.

## Civiche Raccolte d'Arte antica

L'excellent musée d'Art ancien a été aménagé dans les appartements du duc. Des fresques paléochrétiennes au beau monument funéraire équestre de Bernabò Visconti en passant par les bas-reliefs illustrant le triomphe des Milanais sur Barberousse, les œuvres retracent l'histoire mouvementée de l'avènement du premier *comune* d'Italie, des dynasties sanguinaires, des ambitions régionales et du prospère mécénat artistique. Léonard de Vinci contribua à la décoration intérieure, faite notamment de blasons, de fresques et du gonfanon du roi d'Espagne qui se maria en ces lieux en 1555.

## Pinacoteca e Raccolte d'Arte

Au 1er étage, la collection de mobilier et la pinacothèque du château se succèdent. On passe de la garde-robe du duc et de meubles à des chefs-d'œuvre du gothique lombard dont la *Madone Trivulzio* d'Andrea Mantegna, *Saint Sébastien* de Vincenzo Foppa et *Noli me tangere* de Bramantino.

## À savoir

▶ L'accès aux musées du château est gratuit le vendredi (14h-17h30).

▶ Une visite guidée des remparts permet d'avoir une vue d'ensemble sur la forteresse, le parc et même le Duomo au loin.

▶ Si vous disposez de peu de temps, le plus beau musée est celui des Civiche Raccolte d'Arte Antica, dans les appartements ducaux ornés de fresques.

## Une petite faim ?

Aux beaux jours, on peut pique-niquer au parc ou prendre un verre à la terrasse du Bar Bianco (p. 81).

Pour un repas plus consistant, commandez une assiette de poisson cru à la Pescheria da Claudio (p. 67). Le soir, rendez-vous au buffet apéritif du Living (p. 85), de l'autre côté du parc.

## Les incontournables
# La Triennale di Milano

La première Triennale d'Italie eut lieu à Monza, en 1923. Cette manifestation avait pour but de placer sous le feu des projecteurs le design et les arts appliqués italiens, à toutes les échelles. Son succès déboucha, dix ans plus tard, sur la création par l'architecte Giovanni Muzio du Palazzo dell'Arte. Depuis, celui-ci met à l'honneur le design sous toutes ses formes et accueille, en dehors de la Triennale, des événements annuels et des expositions internationales.

Carte p. 74, C4

www.triennaledesignmuseum.it

Viale Emilio Alemanga 6

tarif plein/réduit 8/6,50 €

10h30-20h30 mar-mer et sam-dim, 10h30-23h jeu-ven

M Cadorna

La Triennale di Milano

## À ne pas manquer

### Musée du Design

Le bâtiment de la Triennale accueille des expositions de design depuis les années 1930, mais son musée permanent consacré au design italien n'a été lancé qu'en 2007. De l'autre côté d'une pacerelle on accède à la collection d'objets et de meubles emblématiques comprennant la lampe Moloch de Gaetano Pesce et les créations d'Ettore Sottsass du groupe Memphis. Parmi les expositions récentes, celle de Fabio Novembre en 2012 était consacrée aux arts graphiques italiens. On pouvait y voir des publicités, des affiches et des magazines cultes.

### Librairie

Située dans une sorte d'impluvium, en face du grand escalier, la **librairie de la Triennale** (02 8901 3403 ; Viale Emilio Alemagna 6 ; 10h30-20h30 mar, mer, sam-dim, 10h30-23h jeu-ven ; M Cadorna) possède un formidable fonds de beaux livres consacrés à l'art, à l'architecture et au design. Agencé par Michele De Lucchi avec de grandes tables où sont posés les ouvrages, cet espace convivial donnait à l'origine sur une cour intérieure condamnée depuis.

### Café

En face des arbres du Parco Sempione, l'espace d'un blanc immaculé du Design Café (voir ci-contre) s'organise autour d'un îlot-bar central. Entre les tables et les chaises, dons de fabricants de meubles italiens, des vitrines présentent les expositions temporaires de bijoux et d'objets design. Dans la cuisine contemporaine ouverte, située derrière une vitre à l'une des extrémités, sont confectionnés des plats, design eux aussi. Misez sur la simplicité et profitez du cadre, dedans comme dehors.

### À savoir

- La Triennale fait partie des lieux d'exposition du salon du Meuble en avril. À cette occasion, elle ferme plusieurs jours pour les préparatifs.
- Dans le jardin se dresse la *Fontana dei Bagni Misteriosi* (Fontaine des bains mystérieux, De Chirico).
- Le musée du Design ferme ses portes pendant un mois l'été pour le renouvellement de ses expositions. Vérifiez les horaires.

### Une petite faim ?

Sur place, allez prendre un café ou déjeuner au **Design Café** (02 87 54 41 ; www.triennale.it ; Viale Alemanga 6 ; 10h30-20h30 mar-dim, 10h30-22h30 jeu ; M Cadorna) avec vue sur les pelouses du Parco Sempione.

À l'extérieur du Palazzo d'Arte, le Just Cavalli Café (p. 81), au pied de la Torre Branca, vaut le spectacle à l'apéritif.

100% milanais
# Le Parco Sempione

**Situé derrière le château, ce parc servait jadis de terrain de chasse aux ducs Sforza. Napoléon Ier décida d'en faire un parc paysager, en y aménageant tout d'abord des vergers puis en songeant à le transformer en parc public en 1891. Le succès fut retentissant et aujourd'hui encore, les Milanais de tout âge apprécient ses allées, l'ombre de ses taillis et ses mares ornementales.**

## ❶ Arco della Pace

Haut de 25 m, cet imposant arc de la Paix construit par Luigi Cagnola en 1807 en l'honneur de Napoléon Ier se dresse à l'emplacement de la Porta Giovia (porte de Jupiter) romaine. Il marque le début du Corso Sempione, premier tronçon de la route reliant Milan à Paris, via le col du Simplon. Ironie du sort, les bas-reliefs de sa façade néoclassique ne représentent pas comme prévu une victoire de

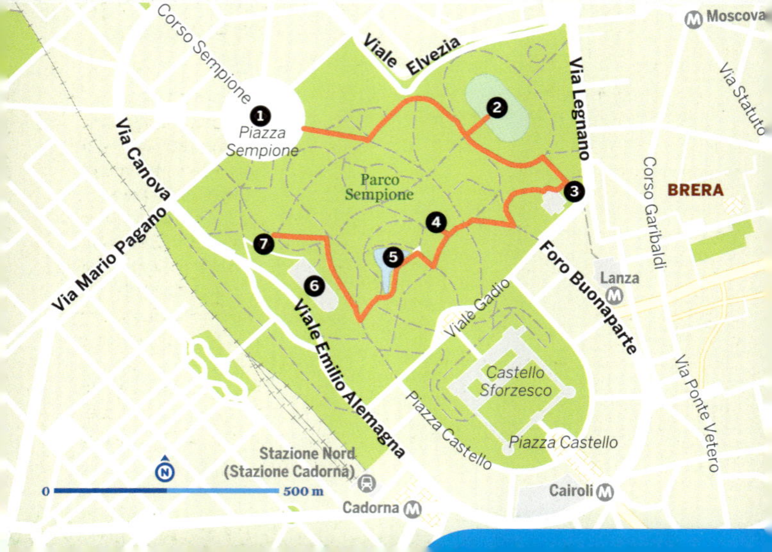

Napoléon Ier, mais sa défaite à la bataille de Leipzig (1813) et des scènes du congrès de Vienne (1815) qui redessina l'Europe après sa chute.

## 2 Arena Civica

Voulu par Napoléon Ier et inauguré en grande pompe par une course de chars, ce mini-Colisée date de 1807. L'architecte, Luigi Canonica, inventa un ingénieux mécanisme permettant d'inonder l'arène de l'eau des canaux environnants pour simuler des batailles navales. Des matchs de football et de rugby ainsi que la Notturna di Milano, une compétition d'athlétisme organisée en septembre, s'y tiennent désormais.

## 3 Acquario Civico

Si les adultes restent bouche bée devant la façade Art nouveau “aquatique”, les enfants plébiscitent eux les poissons de Lombardie de l'**aquarium** (☎02 8846 5750 ; www.acquariocivicomilano.eu ; Viale Gadio 2 ; entrée libre ; 9h-13h et 14h-17h30 mar-dim ; M Lanza) le troisième plus ancien d'Europe.

## 4 Bar Bianco

Construit en plein cœur du parc pour la dixième édition de la Triennale en 1954, le **Bar Bianco** (☎02 8699 2026 ; www.bar-bianco.com ; Parco Sempione ; 19h-1h mer-jeu, 19h-2h ven-sam ; M Lanza) reste indémodable à l'heure de l'apéritif. Depuis la terrasse supérieure, on a l'impression de boire son cocktail dans les arbres.

## 5 Ponte delle Sirenette

Lieu privilégié des amoureux, le pont des Petites Sirènes enjambait jadis le Naviglio della Martesana, un canal reliant Milan à la rivière Adda. Comblé vers 1930, le canal devint la Via Melchiorre Gioia et le joli pont orné de sirènes en fer forgé fut déplacé sur le plan d'eau du parc, offrant un cadre idéal pour les rendez-vous galants et les demandes en mariage.

## 6 Palazzo d'Arte

À l'ouest du plan d'eau se dessine l'imposant palais des Arts à l'architecture rationaliste que Giovanni Muzio conçut en 1932-1933 pour accueillir les expositions au succès grandissant de la Triennale. Jetez un œil à travers les grilles du jardin à la *Fontana dei Bagni Misteriosi* réalisée par De Chirico en 1973.

## 7 Torre Branca

Cette **tour d'acier** (☎02 331 41 20 ; ascenseur 4 € ; M Cadorna), conçue en l'espace de deux mois par Giò Ponti en 1933 à l'occasion de la Triennale, offre du haut de sa silhouette grêle à 108 m de hauteur une jolie vue sur le parc. Ses horaires sont fantaisistes. Elle n'ouvre que pour quelques heures, généralement entre 9h30-10h30 et minuit. Une visite au coucher du soleil ou de nuit permet de contempler les lumières scintillantes de la ville en narguant les clients du **Just Cavalli Café** (☎02 31 18 17 ; www.justcavallicafe.com ; Parco Sempione ; 20h-2h lun-dim ; M Cadorna) en contrebas.

# Voir

## Cimitero Monumentale

CIMETIÈRE

1 Carte p. 74, D1

Derrière les murs noir et blanc néo-Renaissance de ce cimetière, la bonne société milanaise érige de majestueux monuments funéraires depuis 1866. L'érotisme macabre du XIXe siècle contraste avec les formes abstraites d'artistes du milieu du siècle dernier. Procurez-vous un plan à l'entrée et repérez l'émouvant mémorial aux Milanais déportés pendant la Seconde Guerre mondiale, austère monument cubique de verre et d'acier. (02 8846 5600 ; www.monumentale.net ; Piazzale Cimitero Monumentale ; 8h-18h mar-dim ; M Garibaldi)

## Studio Museo Achille Castiglioni

MUSÉE

2 Carte p. 74, D5

Architecte, designer et enseignant, Achille Castiglioni (1918-2002) fut l'une des personnalités les plus influentes du XXe siècle italien. La visite de son atelier où il travailla jusqu'à sa mort en 2002 fait revivre son processus créatif, intelligent et espiègle. Les détails abondent, des maquettes du canapé Hilly sur sa table à dessin aux objets variés l'ayant inspiré, des fausses lunettes aux selles de vélo. (02 805 36 06 ; www.achillecastiglioni.it ; Piazza Castello 27 ; tarif plein/réduit 8/6,50 € ; visites guidées toutes les heures 10h-18h mar-dim ; M Cadorna)

## Stazione centrale

GARE FERROVIAIRE

3 Carte p. 74, H1

Chaque année, près de 100 millions de voyageurs franchissent les portes massives menant aux quais sous la verrière arrondie de la gare centrale. Sa construction, commencée en 1912 se poursuivit surtout entre 1925 et 1931. Si les symboles évoquant la ferveur nationaliste de l'époque fasciste ont été supprimés ou masqués, la saisissante architecture Art déco d'inspiration babylonienne parle d'elle-même. (Piazza Duca d'Aosta ; M Centrale FS)

## Torre Pirelli

TOUR PIRELLI

4 Carte p. 74, H2

La construction du plus haut gratte-ciel de Milan (32 étages) a débuté en 1956 sur le site de l'usine Pirelli du XIXe siècle, comme pour mieux refermer le chapitre de l'âge d'or industriel italien. Les côtés lisses comme ceux d'un diamant de cette tour emblématique de l'architecture moderniste constituent la marque de fabrique de Giò Ponti. (Piazza Duca d'Aosta 3 ; M Centrale FS)

# Se restaurer

## 10 Corso Como Café

CAFÉ-RESTAURANT **€€€**

5 Carte p. 74, E2

Une cour noyée de verdure vous attend dans ce café aux jolies chaises graphiques noir et blanc. Au menu :

PAOLO CORDELLI / GETTY IMAGES ©

Le Living (p. 85)

smoothies, crudités croquantes, crevettes grillées charnues et ce qui se fait de mieux en matière de thé l'après-midi avec une sélection de caviar et de blinis (à partir de 55 €) accompagnant un thé Mariage Frères. Le bar circulaire est un bel endroit pour l'*aperitivo*. (☎ 02 2901 3581 ; www.10corsocomo.it ; Corso Como 10 ; repas 35-60 € ; ⏲ 12h30-minuit lun-ven, 11h30-1h30 sam-dim ; ❄ ; M Garibaldi)

## Iyo

JAPONAIS **€€**

6 Carte p. 74, A1

Un restaurant japonais élégant proposant des plats de qualité : sashimis, carpaccios marinés dans la sauce *ponzu* et tout un choix de makis. Parmi les autres classiques figurent les *gyoza* (raviolis), les nouilles *soba*, les *teppan-yaki* ou de correctes préparations végétariennes. (☎ 02 4547 6898 ; www.iyo.it ; Via Piero della Francesca 74 ; repas 30-50 € ; ⏲ 12h-14h45 et 19h30-23h45 mar-dim ; ❄ ; 1, 12)

## Nisida

PIZZERIA **€€**

7 Carte p. 74, E1

Ce restaurant est réputé pour son brunch dominical à base d'antipasti – *friarelli* (brocolis sauvages), aubergine fumée, poisson cru, jambon, etc. – garnissant cinq tables. Les épaisses pizzas cuites au feu de bois arrivent vite et les *sfogliatelle frolle* (pâtisseries farcies à la ricotta, aux fruits confits et à la cannelle) proviennent directement de Naples.

(☎02 9737 8447 ; www.nisidaverace.it ; Via P Lambertenghi 19 ; repas 24-35 € ; ⌚12h-15h et 19h-23h30 lun-ven, soir uniquement dim ; ❄ ; M Garibaldi)

### La Cantina di Manuela ITALIEN €€

8 Carte p. 74, B2

Une succursale d'une chaîne de bars à vin bien connue à l'adorable salle claire et au service charmant. Autre adresse, Via Carlo Poerio 3. (☎02 345 20 34 ; www.lacantinadimanuela.it ; Via Giulio Cesare Procaccini 41 ; repas 30-40 € ; ⌚12h-15h et 18h-1h lun-sam ; 29, 30, 33)

### Lyr LIBANAIS €€

9 Carte p. 74, B2

Les lustres et les fauteuils Louis XV composent un décor inattendu pour savourer d'authentiques mezzés : *fattoush* (salade au persil et au pain grillé), *kibbeh* (bouchées) de poisson, *foul moudamas* (fèves) et brochettes de bœuf. (☎02 3361 2490 ; www.restaurant-lyr.com ; Corso Sempione 48 ; repas 30-35 € ; ⌚18h-minuit tlj, 12h-14h30 ven et dim ; ❄ ; 1, 29, 30)

### Trattoria degli Orti ITALIEN €€

10 Carte p. 74, B2

La carte n'est qu'une formalité car les plats – moules gratinées, sardines *in saôr* (à l'aigre-douce), petite friture, fleurs de courgette aux anchois, raviolis de poisson maison, poulpe frit croquant – arrivent sans qu'on l'ait consultée. À midi, des hommes d'affaires aux cheveux grisonnants tombent la cravate et prennent, pour une fois, tout leur temps. (☎02 3310 1800 ; www.trattoriadegliorti.it ; Via Monviso 13 ; repas 30-40 € ; ⌚19h30-22h30 lun-sam ; 12, 14)

Comprendre

## La Fiera Milano

Les deux centres d'exposition de Milan accueillent un ballet incessant de salons (*fiere*) ainsi que les deux grands rendez-vous annuels de la mode. Inauguré en 2006, l'espace d'exposition Fiera Milano a été brillamment conçu par Massimiliano Fuksas à l'emplacement de l'ancienne raffinerie de pétrole Agip de Rho-Pero, à environ 40 minutes de Milan en métro. Sa "voile" de verre et d'acier flotte sur plus de 1,4 km de halls pouvant accueillir un demi-million de visiteurs. Au nord-ouest du Parco Sempione, l'ancien parc des expositions fait l'objet d'une requalification urbaine baptisée CityLife, mais des événements plus modestes se tiennent encore dans les pavillons restants de la Fiera Milano City.

Chaque année, en avril, la plus grosse manifestation, le Salon international du meuble (Salone Internazionale del Mobile) attire quelque 300 000 visiteurs et crée l'effervescence en ville ; l'important étant alors de trouver un hébergement près de la ligne de métro M1. Pour cette période, tout doit se réserver à l'avance.

# Prendre un verre

## Living

BAR

11 Carte p. 74, C3

Ce bar d'angle jouit d'un cadre privilégié à Milan avec ses baies vitrées donnant sur l'Arco della Pace. Il propose un copieux buffet à l'apéritif et des cocktails très réussis plébiscités par des 20-30 ans à l'élégance décontractée. (02 3310 0824 ; www.livingmilano.com ; Piazza Sempione 2 ; 8h-2h lun-ven, 9h-2h sam-dim ; M Moscova)

## Milano

BAR

12 Carte p. 74, B2

Ce bar prisé appartient à la même direction que le Roialto avec lequel il a beaucoup de similitudes, en plus petit (toutes proportions gardées) et plus austère. Le mobilier des années 1960-1970 noir, blanc et orange côtoie des piles de magazines de décoration. Le buffet apéritif, avec beaucoup de plats cuisinés à la demande, joue la carte de l'abondance. (02 3493 0819 ; www.roialtogroup.it/milano ; Via Procaccini 37 ; 18h-2h mar-sam ; 29, 30, 33)

## Roialto

BAR, CLUB

13 Carte p. 74, A1

Cet ancien marché couvert haut de plafond et aux canapés seventies fréquenté par de jeunes épicuriens est réputé pour son *aperitivo* parfait. La présence de serveurs en uniforme distribuant avec parcimonie huîtres, fromages ou autre amuse-bouche évoque toutefois le petit-déjeuner buffet un peu guindé d'un hôtel international. (02 3493 6616 ; www.roialtogroup.it ; Via Piero della Francesca 55 ; 18h-2h mar-dim ; 1, 14, 19, 33)

## Cantine Isola

BAR À VIN

14 Carte p. 74, C2

Seuls les plus âgés s'assoient au fond. Tous les autres gravitent autour du beau comptoir rétro près des assiettes de *bruschetta*, le verre tendu pour profiter de la sélection de 400 vins exceptionnels. (02 331 52 49 ; Via Paolo Sarpi 30 ; 8h30-21h30 mar-dim ; M Garibaldi)

## Frida

BAR

15 Carte p. 74, E1

Le fouillis de tables dans la cour chauffée et les canapés à l'intérieur facilitent les rencontres avec la clientèle arty autour d'une bière ou d'un verre de vin du terroir. Le buffet de l'apéritif compte quantité de plats végétariens. Une adresse sans tralala à prix doux où passer un moment agréable en écoutant de la bonne musique. (02 68 02 60 ; www.fridaisola.it ; Via Pollaiuolo 3 ; bar 18h-2h lun-dim, restaurant 12h30-15h lun-ven, 12h-16h dim ; M Zara, Garibaldi)

## Nordest Caffé

BAR, CAFÉ

16 Carte p. 74, F1

Ce café-bar ensoleillé affiche une ambiance tellement décontractée que vous aurez peut-être du mal à vous faire servir. On y laisse volontiers filer l'après-midi ; un précepte qu'applique la jeune clientèle d'habitués surtout lors du brunch du dimanche, qui s'accompagne dès midi d'un concert de jazz. (☎02 6900 1910 ; www.nordestcaffe.it ; Via Borsieri 35 ; ⏰8h-13h30 lun, 8h-minuit mar-sam, 8h30-22h dim ; 📶 ; Ⓜ Garibaldi, Zara)

### Old Fashion Café

BAR, CLUB

17 🍷 Carte p. 74, C4

Ceux qui parviennent à se frayer un chemin parmi les *figli di papa* (fils à papa), obsédés du texto, et à passer le filtre de l'entrée pourront profiter de ce vaste bar en plein air, à l'ombre de la Triennale et du Parco Sempione. Vu la queue à l'heure de l'apéritif et la musique commerciale, mieux vaut être jeune ou avoir la pêche pour tenir jusqu'à l'aube. (☎02 805 62 31 ; www.oldfashion.it ; Viale Emilio Alemagna 6 ; ⏰22h-4h30 ; Ⓜ Cadorna)

### Il Gattopardo

BAR, CLUB

18 🍷 Carte p. 74, A2

La clientèle fort élégante est à l'image de ce superbe espace couleur champagne aménagé dans une ancienne église, entre des bougies vacillantes et du mobilier baroque. (☎02 3453 7699 ; www.ilgattopardocafe.it ; Via Piero della Francesca 47 ; ⏰18h-5h mar-dim ; Ⓜ Lotto, 🚌1, 14, 19, 33)

Mode au 10 Corso Como (p. 89)

## Hollywood

CLUB

19 Carte p. 74, E2

Une discothèque fréquentée par des footballeurs, des top modèles et leurs fans. Si vous parvenez à franchir la porte, peut-être serez-vous témoin du prochain scandale people à moins que vous vous interrogiez sur la raison d'un tel battage. (02 33556 53814 ; Corso Como 15 ; 22h30-2h mar-dim ; M Garibaldi)

# Sortir

## Alcatraz

CLUB

20 Carte p. 74, D1

Fondé par la star du rock italien Vasco Rossi, l'Alcatraz accueille tout à la fois des concerts (programmation en ligne), des DJ, des défilés de mode et les clubbeurs dans un ancien garage de 1 800 m². Musique latino-house et reprises le vendredi, classiques rock'n'roll le samedi. (02 6901 6352 ; www.alcatrazmilano.com ; Via Valtellina 25 ; 23h-4h ven et sam sept-juin ; 3, 4, 7, 11, 70)

## Blue Note

CLUB DE JAZZ

21 Carte p. 74, F1

Des pointures internationales du jazz se produisent dans ce club. Réservez vos billets par téléphone, sur Internet ou venez à l'ouverture des portes à 19h30. Le brunch du dimanche sur fond musical (35-55 € pour 2 adultes et 2 enfants) a du succès. (02 6901 6888 ; www.bluenotemilano.com ; Via Borsieri 37 ; 25-30 € ; mar-dim sept-juil ; M Zara, Garibaldi)

> **100 % milanais**
>
> **Chinatown**
>
> Le **quartier chinois** (carte p. 74, D2) milanais rayonne autour de la Via Paolo Sarpi et de la Via Donato Bramante. L'arrivée des premières familles chinoises en ville date des années 1920-1930.
>
> Si Milan aime se voir comme la ville la plus cosmopolite d'Italie, le racisme ordinaire n'en est pas exempt. Des tensions ont éclaté en 2007 suite au harcèlement par la police d'ouvriers du textile et une manifestation qui avait dégénéré en émeute a suscité un vaste sentiment anti-immigrés. Mais le travail et la cohabitation restent la norme.
>
> Le quartier se prête au shopping, notamment pour l'achat de vêtements, maroquinerie, appareils électroniques et produits asiatiques bon marché.

## Nuova Idea

CLUB

22 Carte p. 74, F1

Changez d'atmosphère sans quitter ce parc à thème des nuits milanaises, l'un des grands clubs gays de la ville depuis 1975. Danses de salon dans une salle, go-go danseurs en cages dans une autre et, au milieu de tout cela, de célèbres travestis aux tenues dignes de la Fashion Week. (02 6900 7859 ;

Comprendre

## Le design

De votre tasse à café du matin jusqu'à la lampe de chevet que vous éteignez chaque soir, tous les objets sont signés de créateurs dont presque personne à Milan n'ignore les noms.

### Origines du design

Le design italien trouve ses origines à Milan vers 1930 avec l'ouverture de la Triennale, la création des magazines spécialisés *Domus* et *Casabella*, l'esprit visionnaire de la Rinascente (société de grands magazins) et le développement de la Fiera comme nouveau lieu de négoce.

### Architectes-philosophes

Après la Seconde Guerre mondiale, les autorités milanaises s'attellent à reconstruire la ville. Par chance, les années 1930-1940 voient apparaître un courant d'architectes-philosophes (Giò Ponti, Piero Fornasetti, Enzo Mari, les frères Castiglioni, Mario Bellini, Gae Aulenti et Ettore Sottsass) soucieux de redessiner un nouvel environnement urbain. Nourris d'un optimisme moderniste et persuadés que les designers et les architectes se situent entre l'art et la société, ils veulent créer des objets et des espaces à la fois beaux et fonctionnels.

### Du producteur...

Les créatifs milanais peuvent compter sur la proximité unique d'un vivier d'artisans hautement qualifiés dans la région de la Brianza, en Lombardie du Nord. Caractérisée par un réseau de PME dans les secteurs du textile (soierie à Côme), de la menuiserie (meubles et instruments de musique), du travail du cuir et du métal, la Brianza apporte l'appui logistique pour concrétiser leurs rêves de modernité.

### ...au marché

Si les fabricants de la Brianza sont restés fidèles à la tradition, ils ont su se tourner vers les techniques de vente et de production modernes par le biais de la Fiera. L'ouverture en 1933 de la Triennale fournit un espace de rencontre aux designers, aux architectes et aux fabricants. Ce lien entre producteur et lieu de vente fait allègrement cohabiter créativité et besoins du marché, ce qui permet au design italien de réaliser l'idéal moderniste : créer des objets aussi esthétiques qu'utiles.

www.lanuovaidea.com ; Via Gaetano De Castillia 30 ; 10 € ven et dim, 18 € sam, gratuit jeu avec consommation obligatoire ; 22h30-3h jeu-dim ; M Gioia)

### Anteo Spazio Cinema

CINÉMA

**23** Carte p. 74, E3

Les lundis pluvieux, direction les trois salles projetant des films en V.O. (classiques, cinéma indépendant) puis la librairie, le restaurant et l'espace d'exposition de ce cinéma. (02 659 77 32 ; www.spaziocinema.info ; Via Milazzo 9 ; M Moscova)

## Shopping

### 10 Corso Como

MODE

**(5)** Carte p. 74, E2

La sélection toujours perspicace de Carla Sozzani rend cette boutique particulièrement intéressante. À l'étage, librairie tout aussi attrayante et bonne section musicale. (02 2900 2674 ; www.10corsocomo.com ; Corso Como 10 ; 10h30-19h30 mar et ven-dim, 10h30-21h mer et jeu, 15h30-19h30 lun ; M Garibaldi)

### Vintage Delirium

MODE VINTAGE

**24** Carte p. 74, E5

Sur plusieurs niveaux, la boutique de Franco Jacassi réunit des lainages anciens en parfait état, des robes du soir de 1930 (Chanel, Dior, Balenciaga, Vionnet) et des ceintures, boucles, sacs et soieries napolitaines des années 1960. (02 8646 2076 ; www.vintagedeliriumfj.com ; Via Sacchi 3 ; 10h-13h et 14h-19h lun-ven sept-juil ; M Cairoli)

### 10 Corso Como Outlet

MODE

**25** Carte p. 74, E2

Au fond d'une cour ensoleillée, un magasin de déstockage où faire des affaires sur des marques comme Marni, Prada, Comme des Garçons et davantage d'économies encore sur des pièces plus atypiques tels les chapeaux de Stephen Jones. Important rayon homme. (02 2900 2674 ; www.10corsocomo.com ; Via Tazzoli 3 ; 13h-19h ven, 11h-19h sam-dim ; M Garibaldi, 3, 4)

### Monica Castiglioni

BIJOUX

**26** Carte p. 74, E1

Installée dans le quartier Isola, Monica fabrique des bijoux en bronze, argent ou or à l'esthétique industrielle. Ancrés dans la tradition moderniste milanaise, ces pièces soignées affichent un prix abordable. (02 8723 7979 ; www.monicacastiglioni.com ; Via Pastrengo 4 ; 11h-20h jeu-sam ; M Garibaldi)

### Officina Slowear

MODE

**27** Carte p. 74, D3

Slowear s'inspire du courant Slow Food et commercialise un ensemble de marques (Incotex, Zanone) intemporelles, faciles à porter et agréables au toucher. Parfait pour se constituer une nouvelle garde-robe. (02 3310 0774 ; www.slowear.com ; Viale Elvezia 6 ; 10h-19h lun-sam ; M Moscova)

Explorer

# Corso Magenta et Sant'Ambrogio

C'est *La Cène* de Léonard de Vinci et la basilique Saint-Ambroise qui attirent principalement les visiteurs dans ce quartier arboré où se mêlent le sacré et le profane. En effet, foyer de la haute finance, la Piazza Cordusio regroupe des bars pleins de jeunes banquiers, tandis qu'au sud, dans les cloîtres de Bramante, résonnent les conversations des étudiants de l'Università Cattolica.

## L'essentiel en un jour

Commencez par un café et un *cornetto* à **Biffi** (p. 99), puis rejoignez le **musée des sciences** (p. 94) pour découvrir les machines imaginées par Léonard de Vinci et des expositions sur la musique, l'astronomie, l'horlogerie, la métallurgie, la balistique, l'aéronautique et les transports.

Prenez ensuite un panino et une bière au **Bar Magenta** (p. 99) avant de décider de la suite du programme : la tombe de saint Ambroise et la coupole dorée de la plus importante **basilique** (p. 97) de Milan, ou les divines fresques de Bernardino Luini dans la **Chiesa di San Maurizio** (p. 97) et un aperçu de l'histoire de la ville au **Musée archéologique** (p. 98) attenant.

Votre billet pour **La Cène** (p. 93), réservé de longue date, glissé dans votre poche, passez prendre l'*aperitivo* et un verre de vin à **Per Bacco** (p. 100) avant de finir la journée devant le chef-d'œuvre de Léonard de Vinci dans le réfectoire de Santa Maria delle Grazie. N'hésitez pas à vous offrir une visite guidée ou un audioguide.

## Les incontournables

Basilica di Santa Maria delle Grazie (p. 92)

Museo Nazionale della Scienza e della Tecnologia (p. 94)

## Le meilleur du quartier

### Histoire

Basilica di Sant'Ambrogio (p. 97)

Civico Museo Archeologico (p. 98)

### Art

*La Cène* (*Il Cenacolo*, p. 93)

Chiesa di San Maurizio (p. 97)

### Musée

Museo Nazionale della Scienza e della Tecnologia (p. 94)

### Shopping

Pupi Solari (p. 101)

Calé Fragranza d'Autore (p. 100)

## Comment y aller

**M Métro** Pour la basilique Saint-Ambroise, descendez à Sant'Ambrogio sur la ligne MM2 (verte). La station Cadorna (MM1) donne accès à *La Cène*, au Musée archéologique et à San Maurizio ; pour le Corso Magenta et le Corso Vercelli, descendez à Conciliazione, Pagano ou Wagner.

Les incontournables

# Basilica di Santa Maria delle Grazie

L'œuvre la plus célèbre de Milan, *La Cène* (*Il Cenacolo*) de Léonard de Vinci, se cache dans un réfectoire attenant à la basilique Santa Maria delle Grazie. Figurant le moment où le Christ annonce à ses apôtres que l'un d'eux va le trahir, cette scène qui compte parmi les plus connues au monde compose une étude psychologique magistrale.

Carte p. 96, C2

Piazza Santa Maria delle Grazie 2

M Cadorna

*La Cène*

# À ne pas manquer

## La Cène (Il Cenacolo)

Quand Leonardo travaillait à **La Cène** (02 9280 0360 ; www.cenacolovinciano.net ; Piazza Santa Maria delle Grazie 2 ; tarif plein/réduit 6,50/3,25 €, plus 1,50 € de reservation ; 8h15-19h lun-sam ; M Cadorna), un moine nota qu'il arrivait parfois le matin, regardait son travail de la veille et repartait aussitôt. Votre visite sera tout aussi brève (15 minutes), mais la découverte de cette fresque sublime vous fera oublier ses milliers de représentations plus ou moins ratées. Les techniques novatrices expérimentées par le peintre et le passage des ans ont fragilisé l'œuvre, mais cela n'enlève rien à sa stupéfiante beauté.

## La basilique

Profitez de votre passage pour visiter Santa Maria delle Grazie, un site classé par l'Unesco. Dessinée par Guiniforte Solari puis remaniée par Bramante, la basilique illustre la splendeur de la cour de Ludovico Sforza, dit Il Moro, et de Beatrice d'Este. Cette bâtisse en brique et terre, robuste mais charmante, possède une coupole construite par Bramante et des murs couverts de fresques.

## Codex Atlanticus

Le *Codex Atlanticus* est le plus grand recueil de dessins de Léonard de Vinci au monde. Plus de 1 700 d'entre eux furent rassemblés par le sculpteur Pompeo Leoni dans 12 volumes si épais qu'ils menaçaient la conservation même des œuvres. Les feuillets ont été séparés et certains sont exposés dans des vitrines doucement éclairées, dans la sacristie.

## À savoir

- Pour *La Cène*, vous devez réserver votre billet des semaines, voire des mois à l'avance, ou suivre une visite guidée de la ville comprenant une halte devant cette fresque.
- À la réservation, on vous attribuera une heure de visite. En cas de retard, votre billet sera revendu.
- Il existe des visites guidées multilingues (3,25 €), à réserver également à l'avance.
- Les dessins du *Codex Atlanticus* sont exposés dans la Sagrestia Bramantesca.

## Une petite faim ?

Savourez un *espresso* et une tranche de *panettone* artisanal à Biffi (p. 99), sous un lustre en verre de Murano.

Offrez-vous une dégustation de 8 plats, avec fromage et charcuterie, à Boccondivino (p. 98).

## Les incontournables
# Museo Nazionale della Scienza e della Tecnologia

Ce musée des sciences et des technologies, le plus grand de son genre en Italie, ravira les enfants et les passionnés de technologie. Il constitue un parfait hommage à Léonard de Vinci, qui a réalisé une grande partie de son œuvre à Milan. Dans un monastère du XVIe siècle, vous découvrirez plus de 10 000 objets, notamment des maquettes fabriquées à partir des dessins de l'artiste-inventeur, des salles consacrées à la physique, l'astronomie et l'horlogerie, et des hangars contenant des trains à vapeur, des avions et des galions.

Carte p. 96, C3

www.museoscienza.org

Via San Vittore 21

tarif plein/réduit 10/7 €, visite du sous-marin 8 €

9h30-17h mar-ven, 9h30-18h30 sam et dim

M Sant'Ambrogio

Locomotive, Museo Nazionale della Scienza e della Tecnologia

## À ne pas manquer

### Galerie Léonard de Vinci

En 1481, Léonard de Vinci écrivit à Ludovico Sforza pour lui offrir ses services. Il lui avait été recommandé en tant que musicien, mais il se présenta comme un ingénieur capable de construire des machines de guerre, d'améliorer les fortifications du château, de perfectionner le système de canaux et, éventuellement, de peindre des portraits. Durant son séjour, il remplit des dizaines de carnets de croquis, qui ont servi à fabriquer les maquettes exposées dans cette galerie.

### Pavillon de l'air et des transports

Les visiteurs se pressent ici pour admirer des bateaux et des avions suspendus aux chevrons. D'exquises maquettes des XVII^e^ et XVIII^e^ siècles côtoient de vrais navires, comme la goélette *Ebe* et la passerelle de commandement du *Conte Biancamano*, un paquebot transatlantique dont on peut aussi voir la salle de banquet et les cabines de 1^re^ classe.

### Sous-marin "Enrico Toti"

L'un des points forts du musée est l'*Enrico Toti*, installé sur un terrain à l'arrière du bâtiment. Premier sous-marin construit après la Seconde Guerre mondiale, il fut mis à l'eau en 1967 essentiellement comme arme de dissuasion contre les sous-marins nucléaires lancés par l'Union soviétique. On peut monter à bord en suivant une visite guidée. Claustrophobes s'abstenir.

### ☑ À savoir

- Le week-end, le musée propose des activités et des ateliers interactifs pour les enfants.
- Comptez au moins une demi-journée pour explorer ce lieu composé de 3 grandes zones : le monastère, qui abrite les collections et les ateliers sur 3 étages, le pavillon de l'air et des transports et le pavillon des chemins de fer.
- On ne peut accéder au sous-marin *Enrico Toti* qu'en suivant une visite guidée, à réserver au guichet d'information.
- Le musée possède un bar et une cafétéria.

### Une petite faim ?

Allez prendre un café, une bière ou un *panino* au Bar Magenta (p. 99) dans un charmant décor de style Art déco.

Pour de délicieux plats sardes et un accueil familial, rejoignez à l'est l'Osteria al Molo 13 (p. 98).

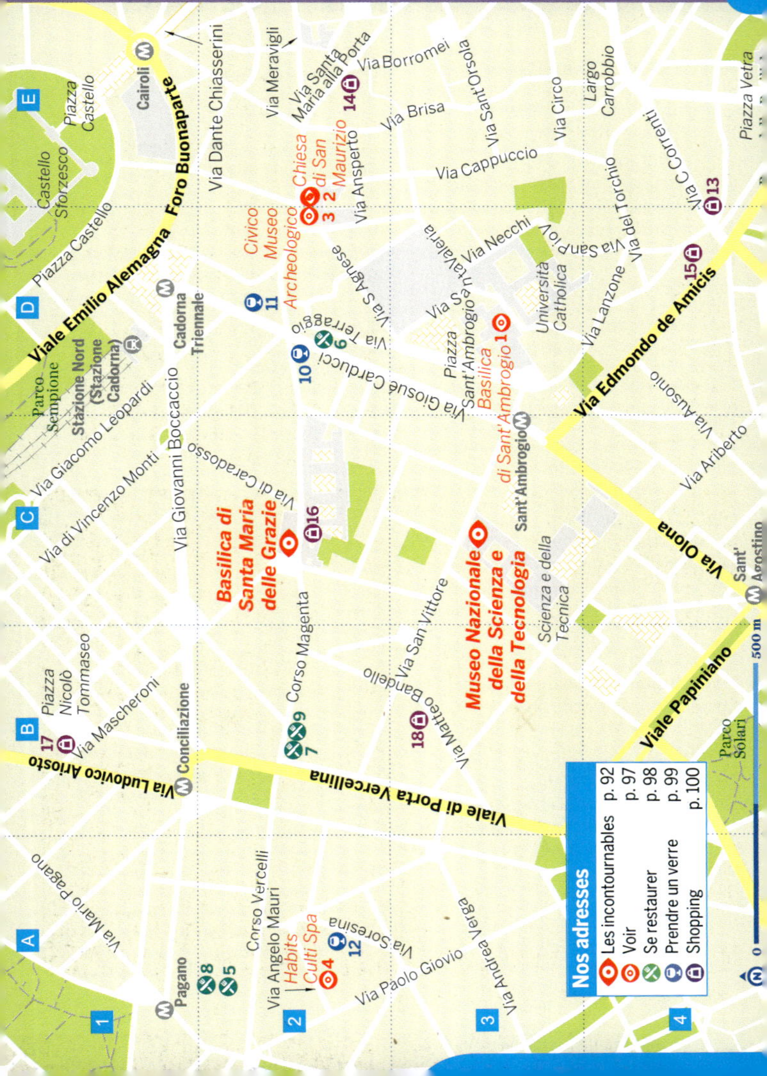

Nos adresses
Les incontournables p. 92
Voir p. 97
Se restaurer p. 98
Prendre un verre p. 99
Shopping p. 100
Basilica di Santa Maria delle Grazie
Museo Nazionale della Scienza e della Tecnologia
Basilica di Sant'Ambrogio
Civico Museo Archeologico
Chiesa di San Maurizio
Habits Culti Spa
Castello Sforzesco
Piazza Castello
Parco Sempione
Stazione Nord (Stazione Cadorna)
Cadorna Triennale
Cairoli
Conciliazione
Pagano
Sant'Ambrogio
Sant' Agostino
Viale Emilio Alemagna
Foro Buonaparte
Viale di Porta Vercellina
Via Ludovico Ariosto
Via Edmondo de Amicis
Via Olona
Viale Papiniano
Corso Magenta
Corso Vercelli
Via Dante
Via Meravigli
Via Santa Maria alla Porta
Via Borromei
Via Brisa
Via Sant'Orsola
Via Circo
Largo Carrobbio
Via Cappuccio
Via Ansperto
Via Necchi
Via San Vittore
Via Lanzone
Via del Torchio
Via C Correnti
Piazza Vetra
Università Cattolica
Piazza Sant'Ambrogio
Via Giosuè Carducci
Via Terraggio
Via S Agnese
Via Giovanni Boccaccio
Via di Caradosso
Via Giacomo Leopardi
Via di Vincenzo Monti
Via Mascheroni
Piazza Nicolò Tommaseo
Via Mario Pagano
Via Angelo Mauri
Via Soresina
Via Paolo Giovio
Via Andrea Verga
Via Matteo Bandello
Via Ausonio
Via Ariberto
Scienza e della Tecnica
Parco Solari
Chiasserini
500 m

# Voir

## Basilica di Sant'Ambrogio

ÉGLISE

1 Plan p. 96, D3

Saint Ambroise, évêque et saint patron de Milan, repose dans la crypte de cette basilique qu'il fonda en 379. Reconstruit à plusieurs reprises, l'édifice conserve une simplicité délibérée provoquant un sentiment d'élévation spirituelle. Les mosaïques éclatantes de l'autel et un retable de 835 éclairent le sombre intérieur voûté. (02 8645 0895 ; www.basilicasantambrogio.it ; Piazza Sant'Ambrogio 15 ; 10h-12h et 14h30-18h lun-sam, 15h-17h dim ; M Sant'Ambrogio)

## Chiesa di San Maurizio

CHAPELLE, COUVENT

2 Plan p. 96, E2

Ce couvent et chapelle royale du XVIe siècle est un joyau méconnu couvert de fresques du peintre lombard Bernardino Luini, élève de Léonard de Vinci, dont beaucoup représentent Ippolita Sforza et sa famille. Franchissez la porte voûtée à gauche de l'autel pour rejoindre le couvent ; remarquez la fameuse Santa Agata (sainte Agathe) portant ses seins sur un plateau. (Corso Magenta 15 ; 9h-12h et 14h-17h30 mar-dim ; M Cadorna)

Fresque de Bernardino Luini, Chiesa di San Maurizio

### Civico Museo Archeologico MUSÉE ARCHÉOLOGIQUE

3 Plan p. 96, D2

Voisin de San Maurizio, le Monastero Maggiore du IXe siècle, jadis le plus important couvent bénédictin de la ville, abrite aujourd'hui le Musée archéologique. On y accède par un cloître renfermant des fragments des murailles romaines de la ville et par la tour Ansperto du IIIe siècle ornée de fresques. Les collections étrusques, grecques, romaines, gothiques et lombardes donnent un aperçu du Milan antique (Mediolanum). (02 8844 5208 ; www.comune.milano.it/museiemostre ; Corso Magenta 15 ; tarif plein/réduit 2/1 € ; 9h-17h30 mar-dim ; M Cadorna)

> **100 % milanais**
>
> **San Siro**
>
> Le stade San Siro n'a pas été conçu pour accueillir toute la population de Milan mais le dimanche après-midi, au milieu de 85 000 supporters enflammés, on a l'impression que toute la ville est là. Les deux clubs de foot milanais, le Milan AC et le FC Internazionale Milano (ou Inter), jouent alternativement une semaine sur deux entre octobre et mai. Le match qui oppose les deux équipes, le Derby della Madonnina, est l'un des plus intenses du monde. Pour les fans, le **Museo Inter e Milan** (02 404 2432 Via Piccolomini 5, porte 21 ; www.sansiro.net ; musée et visite guidée tarif plein/réduit 13/10 € ; 10h-18h) projette des rediffusions de matchs et expose de nombreux objets et trophées.

### Habits Culti Spa SPA

4 Plan p. 96, A2

Un sanctuaire du bien-être empreint de sensualité, mais réservé aux portefeuilles bien garnis (80 € la manucure). La décoration intègre la pierre, le bois et l'eau et les soins utilisent les fleurs, les sels et la boue. (02 4851 7588 ; www.cultidayspa.it ; Via Angelo Mauri 5 ; bains 110 €, hammam 90-150 € ; 11h-22h lun-sam, 10h-20h dim ; M Conciliazione)

## Se restaurer

### Osteria al Molo 13 SARDE €€

5 Plan p. 96, A2

Avec ses couleurs vives évoquant le Sud, le restaurant de Pino et Max Zucca est un petit coin de Sardaigne. Le carpaccio et la *bottarga* (poutargue ; œufs de mulet séchés) témoignent de la passion des patrons pour cette cuisine, tandis que les peintures originales et les nappes à carreaux donnent l'impression d'être à Baia Chia plutôt qu'en plein Milan. (02 404 27 43 ; www.molo13.it ; Via Pietro Paolo Rubens 13 ; repas 30-45 € ; 12h-15h et 19h-23h30 mar-sam, 19h-23h30 lun ; M De Angeli)

### Boccondivino ENOTECA €€€

6 Plan p. 96, D2

Cette "bouchée divine" se compose d'une dégustation de 8 plats, avec du prosecco et du pâté, puis du jambon et du salami (doux et fumé), un plat de tortelloni, de gnocchi ou de risotto, des fromages et enfin du sorbet et des *biscotti*. Chaque mets est accompagné de son vin. (☎02 86 60 40 ; www.boccondivino.com ; Via Carducci 17 ; repas 50-70 € ; ⏱20h-minuit lun-sam ; ❄ ; Ⓜ Cadorna)

### Biffi Pasticceria
PASTICCERIA **€**

7 Plan p. 96, B2

Fier détendeur d'une recette de *panetùn* (panettone) jadis prisée par le pape Pie X, Biffi n'a guère changé depuis son ouverture en 1847. Son bar en noyer, ses comptoirs en marbre, ses lustres en verre de Murano et son élégance surannée continuent d'attirer les Milanaises chics venues papoter devant un gâteau et un cocktail. (☎02 4800 6702 ; www.biffi pasticceria.it ; Corso Magenta 87 ; pâtisseries 2,50 € ; ⏱7h-20h30 ; ❄ 👪 ; Ⓜ Conciliazione)

### La Collina d'Oro
ASIATIQUE **€€**

8 Plan p. 96, A2

Dans un cadre moderne et lumineux, plats chinois et japonais mais aussi spécialités du Sud-Est asiatique. (☎02 404 31 48 ; www.lacollinadoro.com ; Via Rubens 24 ; repas 25-35 € ; ⏱11h-15h et 18h30-23h30 mar-dim ; Ⓜ De Angeli)

### Zero
JAPONAIS **€€€**

9 Plan p. 96, B2

Cet espace spectaculaire met en valeur la cuisine axée sur les sashimis traditionnels et tout un éventail de plats crus inventifs. Les techniques japonaises dominent mais la carte flirte avec les saveurs et ingrédients italiens (bœuf Angus en carpaccio, par exemple). (☎02 4547 4733 ; www.zeromagenta.it ; Corso Magenta 87 ; repas 60-80 € ; ⏱restaurant 19h30-minuit lun-sam, boutique 12h30-14h30 mar-sam ; ✍ ; Ⓜ Conciliazione)

> 100 % milanais
>
> **Les meilleures glaces de Milan**
>
> Malgré son emplacement excentré, la **Gelateria Marghera** (☎02 46 86 41 ; Via Marghera 33) est réputée être le meilleur glacier de la ville. Ses excellents gâteaux à la crème glacée et ses *liquorini* (glaces ou sorbets garnis de fruits frais ou secs et arrosés de liqueur) expliquent la file d'attente. Saveur la plus appréciée : la pistache.
>
> Un peu moins fréquenté, **Shockolat** (☎02 4810 0597 ; Via Boccaccio 9 ; ⏱7h30-1h), joue la carte du chocolat sous toutes ses formes : noir, blanc, au lait, au piment, aux noisettes et à la cannelle.

## Prendre un verre

### Bar Magenta
BAR

10 Plan p. 96, D2

Prenez place dans ce bar historique et laissez Milan venir à vous après avoir commandé un *espresso*, un sandwich et une bière dans la journée, ou un verre de vin avec les étudiants en début de soirée. (02 805 38 08 ; www.bar-magenta.it ; Via Giosué Carducci 13 ; 8h-2h ; M Cadorna)

### Enoteca Per Bacco

ENOTECA

11 Plan p. 96, D2

Ce lieu décontracté est idéal pour boire un verre de vin en début de soirée accompagné d'une salade *caprese* ou d'un choix de *crostini*. Bonne sélection de 400 crus à siroter au verre (5 €). Des dégustations à thème sont régulièrement organisées. (02 8645 2009 ; Via Giosuè Carducci 9 ; 12h-14h30 et 19h-minuit mar-dim ; M Cadorna)

### Noy

BAR

12 Plan p. 96, A2

Seul le toit ondulé rappelle que cet endroit d'une élégante sobriété fut jadis un garage. À l'heure de l'*aperitivo*, commandez un assortiment frais et copieux, puis un cocktail – à consommer avec modération après une cure de remise en forme au spa Habits Culti voisin. (02 4811 0375 ; www.noymilano.com ; Via Soresina 4 ; 11h30-minuit mar-dim, 11h30-1h ven et sam ; M Conciliazione)

## Shopping

### Agua del Carmen

MODE

13 Plan p. 96, E4

Les célèbres visages de femme de l'artiste Piero Fornasetti semblent exprimer leur approbation devant les vêtements, chaussures et sacs de cette boutique : fourre-tout Orla Kiely, ballerines Pedro Garcia et tongs Sylvie Quartara à la fois fonctionnels, esthétiques et abordables. (02 8941 5363 ; www.aguadelcarmen.it ; Via Cesare Correnti 23 ; 15h-19h30 lun, 10h-19h30 mar-sam ; M Sant'Ambrogio)

### Calé Fragranza d'Autore

PARFUMERIE

14 Plan p. 96, E2

Depuis 1955, cette parfumerie crée des fragrances artisanales et vend des marques comme Parfums d'Orsay, Humietski & Graef, Rigaud et Truefitt & Hill. Les notes fraîches et aromatiques de son parfum maison incarnent le style minimaliste milanais. (02 8050 9449 ; www.cale.it ; Via Santa Maria alla Porta 5 ; 15h-19h lun, 10h-19h mar-sam ; M Cairoli)

### Henry Beguelin

MODE

15 Plan p. 96, D4

Manteaux déstructurés, sandales à lanières et sacs à main dans des tons de brun, le tout réalisé avec des cuirs tannés et teints selon des techniques traditionnelles. Ce style hippie chic se retrouve dans une ligne de vêtements d'été en lin. (02 7200 0959 ; www.henrybeguelin.it ; Via Caminadella 7 ; 15h-19h30 lun, 10h30-19h30 mar-dim ; M Sant'Ambrogio)

### Libreria degli Atellani

LIBRAIRIE

16 Plan p. 96, C2

Face à l'église Santa Maria delle Grazie, cette librairie installée sur plusieurs étages offre un vaste choix de magazines

PAOLO CORDELLI / GETTY IMAGES ©

Spazio Rossana Orlandi

internationaux de mode et de design. Elle occupe la Casa degli Atellani, un palais où vivait Léonard de Vinci quand il travaillait à *La Cène,* remanié par l'architecte moderniste Piero Portaluppi. (☎02 481 61 50 ; www.atellani.it ; Corso Magenta 65 ; ⏲7h30-19h30 ; Ⓜ Cadorna)

## Pupi Solari

MODE

17 Plan p. 96, B1

Les Milanais de la bonne société se rappellent avoir fréquenté enfants cette boutique pour acheter une robe habillée ou une veste en tweed comme celle de papa. Ses vitrines ravissent toujours autant. Un rayon femme a vu le jour, ainsi qu'une boutique homme, Host, sur la même place. (☎02 46 33 25 ; www.pupisolari.it ; Piazza Tommaseo 2 ; ⏲10h-19h30 mar-sam ; Ⓜ Conciliazione, 🚊29, 30)

## Spazio Rossana Orlandi

ARTICLES POUR LA MAISON

18 Plan p. 96, B3

Trouver cette boutique de décoration, installée dans une ancienne fabrique de cravates dans le quartier de Magenta, est un défi mais une fois à l'intérieur, vous aurez du mal à vous arracher aux objets vintage et articles contemporains créés par des artistes prometteurs. (☎02 467 44 71 ; www.rossanaorlandi.com ; Via Matteo Bandello 14; ⏲15h30-19h30 lun, 10h-19h30 mar-ven ; Ⓜ Conciliazione)

# Navigli et Porta Romana

Le Corso di Porta Romana part vers le sud-est depuis le centre, passe devant l'Università Statale et rejoint la Porta Romana, une des portes de la ville bâties par Frédéric Barberousse au XIIe siècle, sur l'antique route allant à Rome. Ce quartier et celui des Navigli abritent de nombreux bars, discothèques et salles de concert nichés entre les palais et le long des canaux.

## L'essentiel en un jour

Commencez par un brunch dans le jardin d'**El Brellin** (p. 105), situé dans le pittoresque Vicolo dei Lavandai, où les femmes apportaient jadis leur linge pour le laver sur les pavés de pierre. Ensuite, montez sur un bateau de **Navigli Lombardi** (p. 105) pour une balade d'une heure sur les canaux. Des sorties d'une journée sont aussi possibles, avec le déjeuner et la location d'un vélo l'après-midi.

Si vous finissez tôt la balade en bateau, déjeunez à **Le Vigne** (p. 109), un restaurant affilié au mouvement Slow Flood, puis faites les boutiques de la Ripa di Porta Ticinese. En fin d'après-midi, rejoignez les **colonnes San Lorenzo** (p. 108) pour prendre une glace ou l'*aperitivo* sur cette place fourmillant de monde ; la **Cantina della Vetra** (p. 110) est réputée pour ses vins.

La soirée est encore longue, profitez-en pour aller siroter un verre à **Cuore** (p. 110) ou à **Refeel** (p. 111). Vers 23h, entrez dans une des discothèques animées de la Porta Romana. **Magazzini Generali** (p. 111) et **Plastic** (p. 111) sont les plus courues.

Pour une journée typique sur les canaux, voyez p. 104.

### 100% milanais

La vie sur les canaux (p. 104)

### Le meilleur du quartier

**Se restaurer**

Gattullo (p. 109)

Sadler (p. 110)

Sushi Koboo (p. 110)

**Prendre un verre**

Le Trottoir (p. 111)

Lacerba (p. 111)

**Vie nocturne**

Plastic (p. 111)

Magazzini Generali (p. 111)

**Shopping**

Frip (p. 113)

Superfly (p. 105)

### Comment y aller

**Métro** Missori, Crocetta, Porta Romana et Lodi sur la ligne MM3 (jaune) donnent accès au quartier de la Porta Romana. Pour les bars de la Via Vigevano et le Naviglio Grande, descendez à Porta Genova (ligne MM2).

**Tramway** Pour le Corso di Porta Ticinese, la Piazza XXIV Maggio et le canal Alzaia Naviglio Pavese, prenez le tram n°3.

## 100% milanais
# La vie sur les canaux

**Le quartier des Navigli doit son nom aux canaux qui le traversent. Principales artères du Milan médiéval, ceux-ci prospérèrent jusqu'à l'avènement du chemin de fer. Tombés à l'abandon après la Seconde Guerre mondiale, ils furent fermés dans les années 1970. Aujourd'hui, ils sont jalonnés de librairies, de boutiques et de bars qui en font un quartier bohème et très vivant.**

### 1 Marchés de quartier

Donnant sur la Darsena, le **Mercato Comunale** (Piazza XXIV Maggio ; lun-sam), principal marché couvert de la ville, vend des produits frais et du poisson. Le dernier dimanche du mois, le **Mercatore Antiquario di Navigli** réunit plus de 400 antiquaires et brocanteurs sur 2 km le long du Naviglio Grande.

## 2 Brunch

Dans le cadre romantique d'un lavoir du XVIIIe siècle, **El Brellin** (☎02 5810 1351 ; www.brellin.com ; angle Vicolo dei Lavandai 14 et Alzaia Naviglio Grande 14 ; repas 40-45 € ; ⏲lun-sam) sert un brunch dominical sous forme de buffet : charcuterie, œufs brouillés, saumon fumé et desserts maison, dont un amusant "salami" en chocolat fourré au biscuit.

## 3 Excursions en bateau

Véritables autoroutes médiévales, les canaux permettaient de transporter du bois, du marbre, du sel, de l'huile et du vin. Le plus grand, le Naviglio Grande, fut d'abord un fossé d'irrigation avant de devenir l'une des voies les plus fréquentées de la ville. Pour admirer les églises et les villas qui le bordent, faites une balade en bateau avec **Navigli Lombardi** (☎02 9227 3118 ; www.naviglilombardi.it ; Alzaia Naviglio Grande 4, quartier de la Porta Genova près du pont Scodellino ; tarif plein/réduit 12/10 € ; ⏲avr-sept ; Ⓜ Porta Genova, 🚊3).

## 4 Aperitivo

Le week-end et les soirs d'été, les Navigli sont parfaits pour l'*aperitivo*. Presque tous les bars du Naviglio Grande, comme **El Brellin** (voir n°2, ci-contre), offrent un buffet. En plus canaille, le **Plat du Jour** (☎02 832 1823 ; Via Vigevano 2 ; ⏲mar-dim; Ⓜ Porta Genova, 🚊2, 3) attire les jeunes amateurs de bière. Venez à partir de 19h.

## 5 Shopping

Avec leurs anciens lavoirs, leurs jolis ponts de fer et leurs loyers modérés, les Navigli abritent une dynamique communauté d'artistes. De nombreux ateliers et boutiques bordent les canaux. Voyez notamment **Mauro Bolognesi** (☎02 837 6028 ; www.maurobolognesi.com ; Ripa di Porta Ticinese 47 ; ⏲9h30-12h30 et 15h-19h mar-sam ; Ⓜ Porta Genovese), pour ses objets de collection et ses meubles modernes, **SuperGulp** (☎02 837 2216 ; www.supergulp.net ; Ripa di Porta Ticinese 51 ; ⏲10h-13h et 15h-minuit mar-sam, 15h-minuit dim, 15h-20h lun) pour ses bandes dessinées, et **Superfly** (☎339 579 2838 ; www.superflyvintage.com ; Ripa di Porta Ticinese 27 ; ⏲11h-20h mar-sam, 15h-19h dim) pour ses vêtements vintage.

## 6 Enoteca

Autre adresse possible pour l'*aperitivo*, **Bond** (☎02 5810 8375 ; Via Paoli 2 ; ⏲22h-3h mar-dim ; Ⓜ Porta Genova) draine une clientèle mûre aimant le vin.

## 7 Dîner

Pour une soirée inoubliable, suivez au sud le Naviglio Pavese. Traversez la route et tournez à gauche dans la Via Ascanio Sforza pour rejoindre l'**Osteria Grand Hotel** (☎02 8951 1586 ; www.osteriagrandhotel.it ; Via Cardinale Ascanio Sforza 75 ; repas 35-40 € ; ⏲soir lun-ven, midi et soir sam et dim), un petit coin de campagne en pleine ville. L'été, on mange sous les glycines du patio. Entre les fromages artisanaux, les spécialités régionales et les 600 sortes de vins, vous aurez du mal à partir.

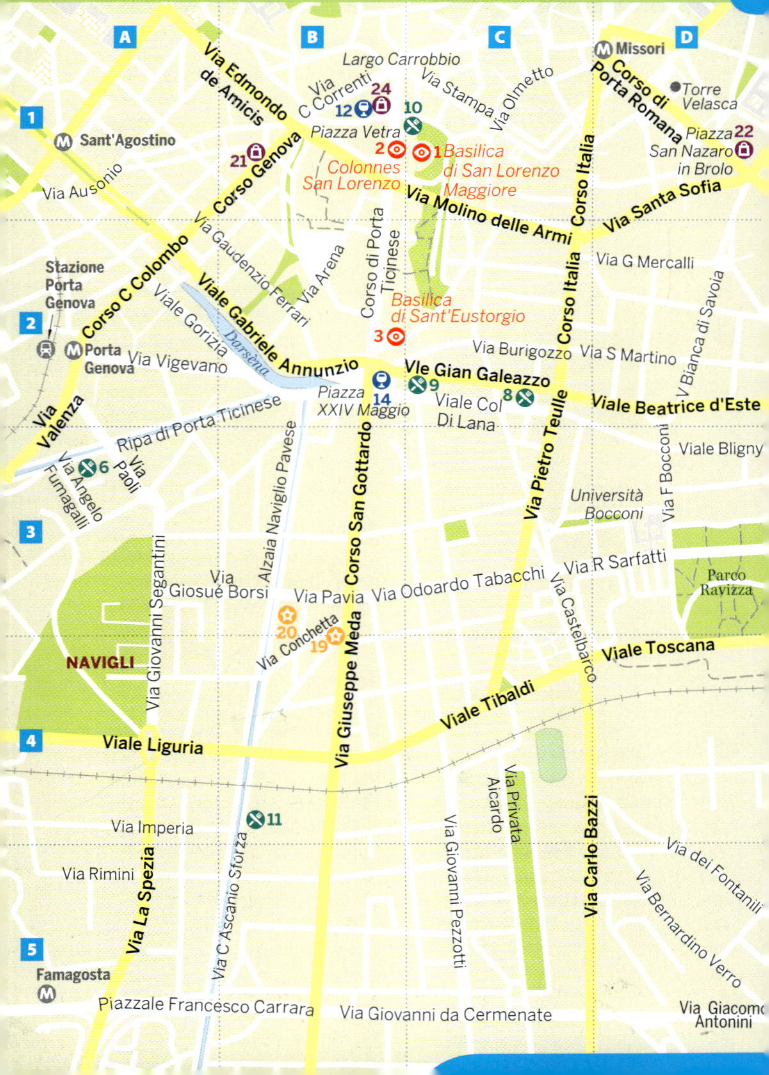
A
B
C
D
1
2
3
4
5
Via Edmondo de Amicis
Largo Carrobbio
Via C Correnti
24
12
10
Via Stampa
Via Olmetto
Missori
Corso di Porta Romana
Torre Velasca
Piazza San Nazaro in Brolo
22
Sant'Agostino
Piazza Vetra
21
Corso Genova
2
1
Basilica di San Lorenzo Maggiore
Colonnes San Lorenzo
Corso Italia
Via Ausonio
Via Molino delle Armi
Via Santa Sofia
Corso di Porta Ticinese
Via Gaudenzio Ferrari
Via Arena
Via G Mercalli
Stazione Porta Genova
Corso C Colombo
Viale Gabriele Annunzio
Basilica di Sant'Eustorgio
3
Viale Gorizia
Darsena
Via Burigozzo
Via S Martino
V Bianca di Savoia
Porta Genova
Via Vigevano
Vle Gian Galeazzo
9
14
Piazza XXIV Maggio
Viale Col Di Lana
8
Viale Beatrice d'Este
Via Valenza
Ripa di Porta Ticinese
Alzaia Naviglio Pavese
Corso San Gottardo
Via Pietro Teulle
Viale Bligny
6
Via Paoli
Via Angelo Fumagalli
Via F Bocconi
Università Bocconi
Via Giovanni Segantini
Via Giosué Borsi
Via Pavia
Via Odoardo Tabacchi
Via R Sarfatti
Via Castelbarco
Parco Ravizza
20
19
Via Conchetta
Via Giuseppe Meda
NAVIGLI
Viale Toscana
Viale Tibaldi
Viale Liguria
Via Privata Aicardo
11
Via Imperia
Via C Ascanio Sforza
Via Giovanni Pezzotti
Via Carlo Bazzi
Via dei Fontanili
Via Rimini
Via La Spezia
Via Bernardino Verro
Famagosta
Piazzale Francesco Carrara
Via Giovanni da Cermenate
Via Giacomo Antonini

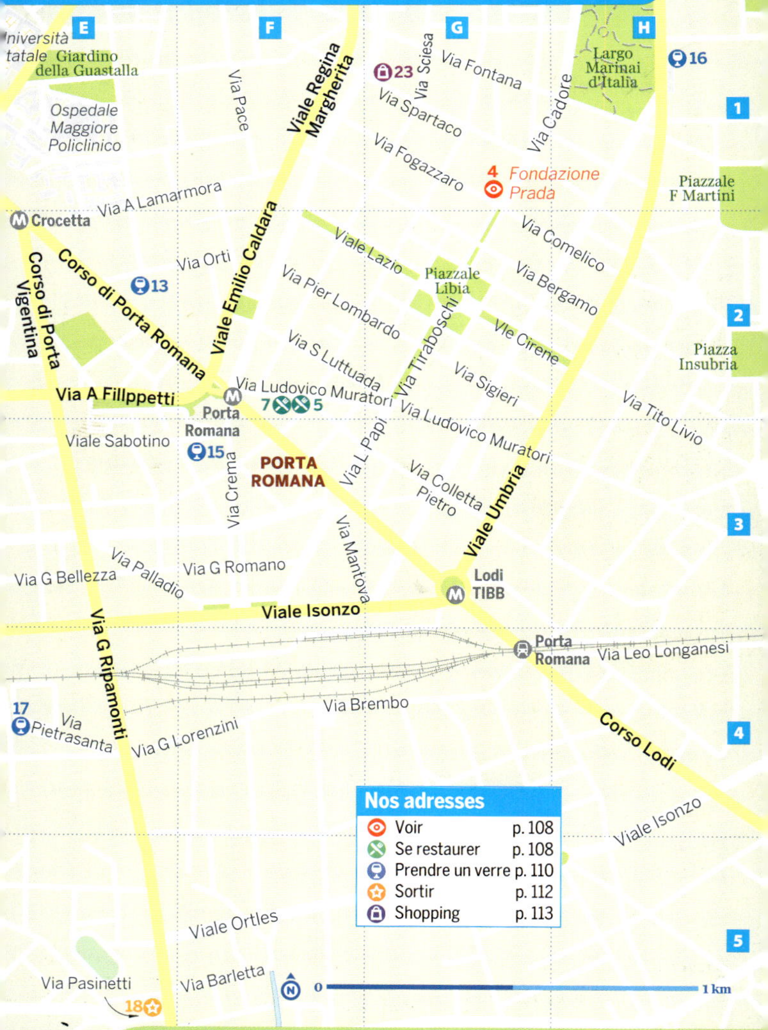
E
F
G
H
1
2
3
4
5
niversità
tatale
Giardino della Guastalla
Ospedale Maggiore Policlinico
Via Pace
Viale Regina Margherita
23
Via Sciesa
Via Fontana
Via Spartaco
Via Fogazzaro
Via Cadore
Largo Marinai d'Italia
16
4 Fondazione Prada
Piazzale F Martini
Via A Lamarmora
Crocetta
Via Orti
13
Viale Emilio Caldara
Viale Lazio
Piazzale Libia
Via Comelico
Via Bergamo
Via Pier Lombardo
Corso di Porta Romana
Corso di Porta Vigentina
Via Tiraboschi
Vle Cirene
Piazza Insubria
Via S Luttuada
Via Sigieri
Via Tito Livio
Via A Fillppetti
Via Ludovico Muratori
7
5
Porta Romana
Via L Papi
Via Ludovico Muratori
Viale Sabotino
15
PORTA ROMANA
Via Crema
Via Colletta Pietro
Viale Umbria
Via Mantova
Via Palladio
Via G Romano
Via G Bellezza
Lodi TIBB
Viale Isonzo
Via G Ripamonti
Porta Romana
Via Leo Longanesi
Via Brembo
17
Via Pietrasanta
Via G Lorenzini
Corso Lodi
Viale Isonzo
Nos adresses
Voir p. 108
Se restaurer p. 108
Prendre un verre p. 110
Sortir p. 112
Shopping p. 113
Viale Ortles
Via Pasinetti
18
Via Barletta
N
0
1 km

# Voir

## Basilica di San Lorenzo Maggiore
BASILIQUE

1 Plan p. 106, C1

L'émouvante simplicité de cette basilique paléochrétienne, avec sa coupole centrale et ses tours carrées, est restée intacte malgré les substantiels remaniements du XVIe siècle. La chapelle octogonale Sant'Aquilino contient une mosaïque du IVe siècle représentant Jésus et ses apôtres. Notez le traitement très individualisé des personnages. Derrière la basilique, un parc planté de rosiers et de mûriers blancs relie San Lorenzo et Sant'Eustorgio. (www.sanlorenzomaggiore.com ; Corso di Porta Ticinese 39 ; entrée libre ; 7h30-12h30 et 14h30-18h30 ; Missori)

## Colonnes San Lorenzo
SITE ARCHÉOLOGIQUE

2 Plan p. 106, B1

Vestiges d'un édifice romain datant du temps où Milan s'appelait Mediolanum, ces 16 colonnes corinthiennes furent installées ici pour former le portique de la basilique. (Corso di Porta Ticinese ; Missori)

## Basilica di Sant'Eustorgio
BASILIQUE

3 Plan p. 106, B2

Cette basilique édifiée au IVe siècle pour abriter les reliques supposées des Rois Mages vaut surtout pour la chapelle privée de Pigello Portinari, représentant de la banque des Médicis à Milan. Cette superbe chapelle Renaissance est ornée de fresques de Vincenzo Foppa. En son centre se tient un tombeau en marbre blanc sculpté, l'un des plus beaux d'Italie, l'*Arche de saint Pierre martyr*. (Piazza Sant'Eustorgio ; 7h45-18h30 ; 2, 3)

## Fondazione Prada
SALLE D'EXPOSITION

4 Plan p. 106, G1

La Fondazione Prada organise chaque année deux expositions de grande ampleur dans un vaste entrepôt. Des artistes de renommée mondiale comme Anish Kapoor et Louise Bourgeois ou de jeunes étoiles montantes comme Francesco Vezzoli et Nathalie Djurberg font honneur au lieu. Pour les dates, voir le site Internet. (02 5419 2230 ; www.fondazioneprada.org ; Via Fogazzaro 36 ; 11h-20h mar-dim lors des expositions ; 3)

# Se restaurer

## Dongiò
CALABRAIS **€€**

5 Plan p. 106, F2

L'une des tables au meilleur rapport qualité/prix de Milan, cette trattoria calabraise sert de délicieuses pâtes maison aux saveurs épicées du Sud. Les hors-d'œuvre comprennent de copieuses assiettes de salami et de fromage. Réservation recommandée. (02 551 13 72 ; Via Bernardino Corio 3 ; repas 30-40 € ; 12h-14h30 et 19h30-23h30 lun-ven, 19h30-23h30 sam ; ; M Porta Romana)

## Le Vigne

OSTERIA MILANAISE €€

6 Plan p. 106, A3

Tout est si bon qu'on a du mal à choisir entre les fleurs de courgettes farcies à la ricotta aux herbes, le risotto aux crevettes et au cresson et la salade de poulpe, d'artichaut et d'aubergine. (02 837 56 17 ; Ripa di Porta Ticinese 61 ; repas 25-30 € ; 12h-15h et 19h-23h lun-sam ; M Porta Genova)

## Giulio Pane e Ojo

TRATTORIA €

7 Plan p. 106, F2

Si tous les restaurants romains de la ville étaient aussi plaisants, Milan pourrait reprendre son nom antique de Mediolanum. Les serveurs font aussi preuve d'une gouaille toute romaine pour donner des précisions sur les *bucatini all'amatriciana* (pâtes tubulaires, tomate, pecorino et joue de porc) et la *saltimbocca* (veau à la sauge). Vu les prix, pourquoi ne pas commander les deux ? (02 545 61 89 ; www.giuliopaneojo.com ; Via Ludovico Muratori 10 ; repas 15-25 € ; 12h-14h et 19h-22h30 lun-sam ; ; M Porta Romana)

## Gattullo

PASTICCERIA €

8 Plan p. 106, C2

La meilleure *pasticceria* de Milan vend depuis 1961 des mini-pâtisseries, des tartes, des friandises, des sandwichs et un *panettone* artisanal réputé.

UNIVERSAL IMAGES GROUP / DEAGOSTINI / ALAMY ©

Basilica di Sant'Eustorgio

Originaire de Ruvo di Puglia, dans le sud du pays, Joseph Gattullo a fait de sa petite affaire une adresse plébiscitée par la bourgeoisie milanaise. Elle occupe toujours ses locaux des années 1970, avec des lustres en verre de Murano et un comptoir en bois incurvé. (02 5831 0497 ; www.gattullo.it ; Piazzale di Porta Lodovico 2; pâtisseries à partir de 1,50 € ; 7h-21h sept-juil ; ; 3, 9)

### Sushi Koboo

JAPONAIS **€€**

9 Plan p. 106, C2

Ce restaurant élégant sert de délicieux sushis, sashimis et tempuras, à déguster au bar *kaiten* (pourvu d'un tapis roulant) ou dans une des salles à l'ambiance plus intime, dans un cadre chaleureux et accueillant : bois blond, poutres apparentes et mosaïques illuminées par de grandes appliques rondes. Si vous êtes à deux ou en groupe, prenez l'assortiment de sushis servis dans un petit bateau en bois. (02 837 26 08 ; www.sushi-koboo.com ; Viale Col di Lana 1 ; repas 20-35 € ; 12h-14h30 et 19h30-23h30 mar-dim ; ; 3, 9)

### Cantina della Vetra

ITALIEN **€€**

10 Plan p. 106, C1

À l'exception des nappes à carreaux, cette adresse de style campagnard aux grandes fenêtres donnant sur la Piazza Vetra n'abuse pas du thème rustique. L'assiette de *salumi* (charcuteries) comprend *mortadella tartufata, lardo, pancetta coppata* et salami régional. Sa cave, aussi réputée que ses plats du terroir, lui vaut d'afficher complet presque chaque soir. (02 8940 3843 ; www.cantinadellavetra.it ; Via Pio IV 3 ; repas 30-40 € ; 19h30-23h lun-ven, 12h-15h et 19h30-23h sam et dim ; ; 2, 3, 14)

### Sadler

ITALIEN **€€€**

11 Plan p. 106, B4

Claudio Sadler dispense ici une véritable leçon de gastronomie : *fregola* (pâtes sardes) aux fèves, ragoût de pigeon au cacao, sabre aux beignets de bourrache et de pois chiches, ou tartare de cheval accompagné de parmesan, poivrons et truffes. (02 87 67 30 ; www.sadler.it ; Via Ascanio Sforza 77 ; repas 120 € ; 19h30-23h lun-sam ; M Romolo, 3)

## Prendre un verre

### Cuore

BAR

12 Plan p. 106, B1

Ce bar est bourré de charme avec ses meubles des années 1950, ses écrans de télé diffusant des films cultes et ses cocktails exotiques comme la piña colada et le mai tai, prisés des étudiants de l'université Sacro Cuore voisine. L'*aperitivo* comprend une formule végétarienne sur demande. (02 5811 8311 ; www.cuoremilano.it ; Via Gian Giacomo Mora 3 ; 18h-2h ; M Missori, 2, 14)

### Lacerba

BAR

13 Plan p. 106, E2

Hommage au futurisme, Lacerba est un bar doublé d'un restaurant servant des recettes tirées du *Manifeste de la cuisine futuriste* de Marinetti (mort aux pâtes !). Dans un décor tourné vers la vitesse et les machines, testez le cocktail au miel et basilique ou profitez de l'excellent choix de vins. (☎02 545 54 75 ; www.lacerba.it ; Via Orti 4 ; ⌚12h-15h lun-ven, 18h30-minuit lun-sam ; Ⓜ Crocetta)

## Le Trottoir BAR

14 Plan p. 106, B2

Ce bar légendaire occupe un ancien bureau des douanes au bord de la Darsena. Parfait pour prendre un verre en fin de soirée dans la salle à l'étage, à la décoration jaune, bleu et rouge digne d'un roman noir de l'écrivain milanais Andrea Pinketts, ou directement sur le trottoir envahi par des centaines de noctambules en été. (☎02 837 81 66 ; www.letrottoir.it ; Piazza XXIV Maggio 1 ; entrée 10 € ; ⌚23h-2h ; 🚋3, 9)

## Refeel BAR

15 Plan p. 106, F3

Comme le Living, le Circle et l'Exploit, fondés par les rois de la nuit milanaise Fabio Acampora et Sebastian Bernandez, le Refeel offre un cadre tout en meubles de designer, bois blond, béton et verre. Pour l'*aperitivo*, un copieux buffet propose *focaccia*, *tramezzini*, légumes grillés, charcuterie et sashimis. (☎02 5832 4227 ; www.refeel.it ; Viale Sabotino 20 ; ⌚19h-2h lun-sam, 12h-16h dim ; Ⓜ Porta Romana)

## Plastic DISCOTHÈQUE

16 Plan p. 106, H1

London Loves, le vendredi, offre un mélange tendance d'indé transgressif qui draine la jeunesse branchée. Le dimanche, la soirée privée Match à Paris, organisée par le directeur artistique Nicola Guiducci, allie variété française, rock indépendant et sonorités avant-gardistes. (☎02 73 39 96 ; www.thisisplastic.com ; Viale Umbria 120 ; ⌚23h-4h ven-dim mi-sept à juin ; Ⓜ Lodi)

## Magazzini Generali DISCOTHÈQUE

17 Plan p. 106, E4

Quand cet ancien entrepôt déborde de spectateurs en nage devant un concert de rock indé, il n'y a pas meilleure ambiance dans tout Milan. La plupart des concerts ne dépassent pas 20 € et l'entrée est libre lors des

Bon plan

### Sorties et loisirs

L'office du tourisme distribue plusieurs guides des sorties en anglais : *Milano Mese*, *Hello Milano* (www.hellomilano.it) et *Easy Milano* (www.easymilano.it).

Pour la liste des discothèques, lisez *ViviMilano* (www.vivimilano.it, en italien), publié avec le *Corriere della Sera* du mercredi. Voyez aussi l'édition du jeudi de *La Repubblica* (www.repubblica.it, en italien) ou encore *Milano-2night* (http://2night.it/milano).

soirées avec DJ. (02 539 39 48 ; www.magazzinigenerali.it ; Via Pietrasanta 14 ; 23h-4h mer-sam oct-mai ; M Lodi, 24)

## Sortir

### La Salumeria della Musica DISCOTHÈQUE, LIEU CULTUREL

18 Plan p. 106, E5

Cette "épicerie de la musique", haut lieu de la scène milanaise alternative, accueille de nouveaux talents, des salons littéraires, des manifestations culturelles et des concerts de jazz. Les spectacles commencent vers 22h30. Si vous avez faim, vous pouvez grignoter une assiette de fromage et de charcuterie. (02 5680 7350 ; www.lasalumeriadellamusica.com ; Via Pasinetti 4 ; 21h-2h lun-sam sept-juin ; 24)

### Auditorium di Milano MUSIQUE CLASSIQUE

19 Plan p. 106, B4

Abandonné après la Seconde Guerre mondiale, le Cinema Massimo est devenu en 1999 un auditorium dernier cri, siège de l'Orchestre symphonique Giuseppe Verdi et du Chœur de Milan. On peut aussi voir des musiciens de jazz et des ensembles de musique de chambre étrangers. (02 8338 9422 ; www.auditoriumdimilano.org ; Largo Gustav Mahler ; billetterie 14h30-19h mar-dim ; 3, 9)

MARKA / ALAMY ©

Colonnes San Lorenzo (p. 108)

### Scimmie MUSIQUE LIVE

20 Plan p. 106, B3

Le public vient nombreux écouter de jeunes noms du jazz, du rock alternatif et du blues dans la salle, le jardin et, en été, la péniche. Les concerts débutent à 22h. (02 8940 2874 ; www.scimmie.it ; Via Cardinale Ascanio Sforza 49 ; 8-15 € ; 20h-3h lun-sam ; M Porta Genova)

## Shopping

### Biffi MODE

21 Plan p. 106, B1

Rosy Biffi avait repéré le talent d'Armani et de Versace avant qu'ils ne deviennent mondialement connus. Plus récemment, elle a rendu les Milanaises accro aux jeans de marques américaines. Elle a donc un sixième sens pour repérer les dernières tendances et les adapter au conformisme milanais. On trouve ici une sélection des grands noms de la mode masculine et féminine. (02 831 16 01 ; www.biffi.com ; Corso Genova 5 et 6 ; 15h-19h30 lun, 9h30-13h30 et 15h-19h30 mar-sam ; 2)

## Danese DESIGN, ARTICLES POUR LA MAISON

22 Plan p. 106, D1

Cette marque milanaise n'est peut-être pas aussi connue qu'Alessi, d'origine piémontaise, mais ses articles dénotent la même inventivité et le même souci du détail. Si le puzzle *Sea in a Box* d'Enzo Mari vous a plu à la Triennale di Milano, vous pourrez l'acheter ici. (02 5830 4150 ; www.danesemilano.com ; Piazza San Nazaro in Brolo 15 ; 14h30-19h lun, 10h-13h30 et 14h30-19h mar-sam ; M Crocetta)

## Stock Etro MODE

23 Plan p. 106, G1

Des articles du dernier chic à des prix défiant toute concurrence : cravates en soie, T-shirts en cachemire, sacs à main décorés et rouleaux de somptueux tissus imprimés. (02 5502 0218 ; Via Spartaco 3 ; 15h-19h lun, 10h-13h mar-dim ; 9, 29/30)

## Frip MUSIQUE

24 Plan p. 106, B1

Le couple de styliste-DJ qui opère ici contribue aux looks et aux sons de la scène avant-gardiste milanaise. Jetez un œil aux robes imprimées Henrik Vibskov, aux bijoux et aux chemises Hixsept, puis allez voir les disques vinyles et les CD. (02 832 13 60 ; www.frip.it ; Corso di Porta Ticinese 16 ; 15h-19h30 lun, 11h-14h et 15h-19h30 mar-sam ; 3)

# 100% milanais
# Zona Tortona

**Les anciens immeubles d'ouvriers et usines de la Zona Tortona ont été investis par des sociétés de design, des ateliers d'artistes et des restaurants. C'est ici que se trouvent le siège de Diesel et celui d'Armani (l'Armani Teatro, conçu par l'architecte japonais Tadao Ando dans la Via Bergognone). Durant le Salon du meuble (Salone del Mobile), en avril, le quartier accueille des expositions, des vernissages et des fêtes.**

## ❶ Design Library

Pour plonger dans l'ambiance artistique du quartier, installez-vous dans un canapé du café de la **Design Library** (☎02 8942 3329 ; www.designlibrary.it ; Via Savona 11 ; ⏲7h30-22h30 lun, 7h30-23h30 mar-jeu, 7h30-2h ven, 17h-2h sam ; ❄ ; Ⓜ Porta Genova) ou à une table de travail à l'éclairage étudié. Près de la station de métro Porta Genova, cette bibliothèque (adhésion annuelle 25 €) comble les amateurs de design

avec ses murs tapissés de numéros des magazines *Domus* et *Abitare* et d'ouvrages des éditions Phaidon.

## ❷ Fondazione Arnaldo Pomodoro

Un vaste local post-industriel expose les sculptures métalliques géantes d'Arnaldo Pomodoro, dont la **fondation** (02 8907 5394 ; www.fondazionearnaldo pomodoro.it ; Via Andrea Solari 35 ; 11h-18h mer-jeu, sam et dim, 11h-22h ven dernière entrée 1 heure avant fermeture ; M Sant' Agostino) met aussi en lumière les œuvres de sculpteurs émergents.

## ❸ Moules à La Cozz

**La Cozz** (02 4771 1145 ; www.lacozz.it ; Via Savona 41 ; 10h-23h30 mar-dim ; M Porta Genova) revisite les moules-frites en les accommodant avec de la crème, du Pernod, de la roquette ou du safran. Les fines de claires ou les huîtres bretonnes, crues ou gratinées, font d'excellentes entrées, tandis que les desserts, comme le sorbet citron, captent les gourmands.

## ❹ Bigne et Boccino

Arrêtez-vous à **Bigne** (02 8728 1464 ; Via Tortona 21 ; M Porta Genova) pour prendre un Campari ou une glace dans un cadre à l'ancienne. Par un beau dimanche, on peut s'asseoir dehors, devant le terrain de *bocce*, ou même faire une partie (on vous fournira les boules). À côté, **Boccino** (02 8941 5562 ; www.ristoranteboccino.it ; ; M Porta Genova) permet de manger en grand style sur la terrasse à l'étage.

## ❺ Lèche-vitrine dans la Via Tortona

En 1983, quand Flavio Lucchini, directeur artistique de *Vogue* Italie, ouvrit un studio de photographie dans la Via Tortona, tout le monde le prit pour un fou. Aujourd'hui, cette rue devenue un aimant pour les designers, les artistes et les photographes est bordée de boutiques : on trouve notamment des lunettes à **Mafalda 86** (333 854 9929 ; www.mafalda86.it ; Via Tortona 19 ; M Porta Genova), des bijoux en méthacrylate à **iStudio** (02 8942 2722 ; Via Tortona 12 ; M Porta Genova) et des chaussures originales à **Federea Milano** (02 8339 0446 ; www.federeamilano.it ; Via Tortona 12 ; M Porta Genova).

## ❻ Baignade dans le Parco Solari

En 1968, Missoni organisa son premier défilé milanais à la **Piscina Solari** (02 469 52 78 ; www.milanosport.it ; Via Montevideo 20 ; 4 € lun-ven, 5 € sam et dim ; 7h-14h30 lun-ven, 19h30-23h mar et ven, 21h30-23h mer, 7h-9h et 13h-19h sam, 7h-18h30 dim ; ; M Sant'Agostino), une piscine couverte où on avait disposé des meubles gonflables flottants. Cette idée originale poussa d'autres couturiers à délaisser la Sala Bianca de Florence pour venir présenter leurs collections à Milan. Aujourd'hui, la piscine, dessinée par l'architecte Arrigo Arrighetti, dans le Parco Solari, attire les foules en été.

Explorer

# Lac Majeur et ses environs

Plus que ses voisins les lacs de Côme et de Garde, le lac Majeur (Lago Maggiore) a conservé l'ambiance Belle Époque de son âge d'or touristique, quand Napoléon fit construire le col du Simplon pour ouvrir un passage vers la Suisse à travers les Alpes. Attirée par la douceur du climat et la facilité d'accès de la région, la grande bourgeoisie européenne fit bâtir sur les rives du lac de luxueuses villas entourées de jardins extraordinaires.

## L'essentiel en un jour

Un premier choix s'impose. Envie d'une atmosphère romantique ? Optez pour le Palazzo Madre (p. 118). Attiré par l'art, l'histoire et le faste baroque ? Préférez le Palazzo Borromeo (p. 119) où le prince Charles et Lady Di vinrent en vacances en 1985, invités par la famille Borromeo.

Pour le déjeuner, réservez au **Ristorante Milano** (p. 123), à **Lo Scalo** (p. 124) ou à la **Taverna del Pittore** (p. 123) et commandez de la truite ou de l'omble, spécialités du lac Majeur, et une bouteille de Franciacorte, un vin local

Après le déjeuner, allez flâner parmi les serres tropicales et les bosquets de camélias de la **Villa Taranto** (p. 122), puis faites un saut jusqu'à Intra pour prendre l'*aperitivo* à **La Bottiglieria del Castello** (p. 125) ou siroter un cocktail sur la terrasse du **Grand Hôtel des îles Borromées** (p. 124).

Si vous venez un dimanche, prenez la vedette rapide pour Cannobio où se tient un **marché au bord du lac** (p. 125). Si vous venez au début du mois d'août, profitez du **Festival Internazionale del Film** (p. 123), à Locarno, pour assister à une projection en plein air sur la Piazza Grande.

## Les incontournables

Îles Borromées (p. 118)

## Le meilleur du lac Majeur

### Histoire

Îles Borromées (p. 118)

### Jardins

Villa Taranto (p. 122)

Palazzo Madre (p. 119)

### Culture

Villa Giulia (p. 125)

Festival Internazionale del Film (p. 123)

### Prendre un verre

Grand Hôtel des îles Borromées (p. 124)

La Bottiglieria del Castello (p. 125)

## Comment y aller

**Train** Stresa est sur la ligne Domodossola-Milan ; départs toutes les heures de la Stazione Centrale de Milan.

**Bateau** Les ferrys et les hydroglisseurs sur le lac sont gérés par **Navigazione Lago Maggiore** (☎800 55 18 01 ; www.navigazionelaghi.it). Des billetteries se tiennent dans chaque ville à côté de l'embarcadère.

## Les incontournables
# Îles Borromées (Isole Borromee)

Dans la plus belle partie du lac Majeur, les îles Borromées abritent les sites les plus spectaculaires : les palais privés de la famille Borromeo. La plus proche de Stresa est l'Isola Bella, avec ses terrasses magnifiques et ses grottes fraîches incrustées de coquillages, tandis que l'Isola Madre, plus loin, offre au visiteur ses luxuriants jardins tropicaux. Juste au large de Verbania Pallanza, la minuscule Isola San Giovanni, jadis résidence du chef d'orchestre Toscanini, reste aujourd'hui la villégiature d'été de la famille Borromeo.

Carte p. 120, B5

0323 3 05 56

www.borromeoturismo.it

billet combiné tarif plein/réduit 16,50/7,50 €

9h-17h30 avr-oct

Isola Bella, Isola Madre, Isola Superiore

Palazzo Borromeo, Isola Bella

## À ne pas manquer

### Palazzo Borromeo

L'Isola Bella fut nommée en l'honneur de l'épouse de Carlo III, la *bella* Isabella, au XVIIe siècle, lors de la construction du **Palazzo Borromeo** (tarif plein/réduit 12,50/5,50 €). Dominant plus de 10 jardins en terrasses, ce palais baroque qui renferme de sublimes œuvres d'art, des tapisseries flamandes et des sculptures de Canova a accueilli des invités prestigieux, tels Napoléon et Joséphine en 1797 (on peut voir le lit où ils ont dormi) et Charles et Diana en 1985.

### Palazzo Madre

L'Isola Madre est occupée en totalité par le **Palazzo Madre** (tarif plein/réduit 10/5,50 €), dont les jardins à l'anglaise peuplés de paons blancs rivalisent de beauté avec ceux de l'Isola Bella mais ont conservé une atmosphère plus romantique. Bâti entre les XVIe et XVIIIe siècles, le palais conserve la collection de poupées de la comtesse Borromeo et un théâtre de marionnettes néoclassique créé par un décorateur de La Scala, parmi lesquelles quelques marionnettes diaboliques.

### Isola Superiore

Cette île minuscule qui a gardé presque intacte son atmosphère de village de pêcheurs constitue une halte pittoresque pour le déjeuner. Hormis une abside du XIe siècle et une fresque du XVIe siècle dans la Chiesa di San Vittore, il n'y a pas grand-chose à voir. Asseyez-vous simplement dans un restaurant sur la jetée pour commander du poisson grillé et un verre de soave.

### À savoir

- Comptez au moins une demi-journée pour chaque palais.
- La collection d'art de la Galleria dei Quadri (Palazzo Borromeo) exige un billet séparé (4 €).
- La grotte du Palazzo Borromeo abrite un bateau fossilisé de 3 000 ans.

### Une petite faim ?

Un seul café sur l'Isola Madre sert en-cas et boissons. Sur l'Isola Bella, **Elvezia** (plan p. 120, B5 ; ☎0323 3 00 43 ; repas 30-35 € ; ⏲mar-dim mars-oct, ven-dim nov-fév) prépare une cuisine authentique. Hors saison, pensez à réserver.

L'Isola Superiore compte des dizaines de restaurants près du port. L'**Albergo Verbano** (plan p. 120, B5 ; ☎0323 3 04 08 ; www.hotelverbano.it ; Via Ugo Ara 2, Isola Superiore ; s 100-120 €, d 150-185 € ; ⏲mars-déc) offre des chambres et un restaurant donnant sur le lac.

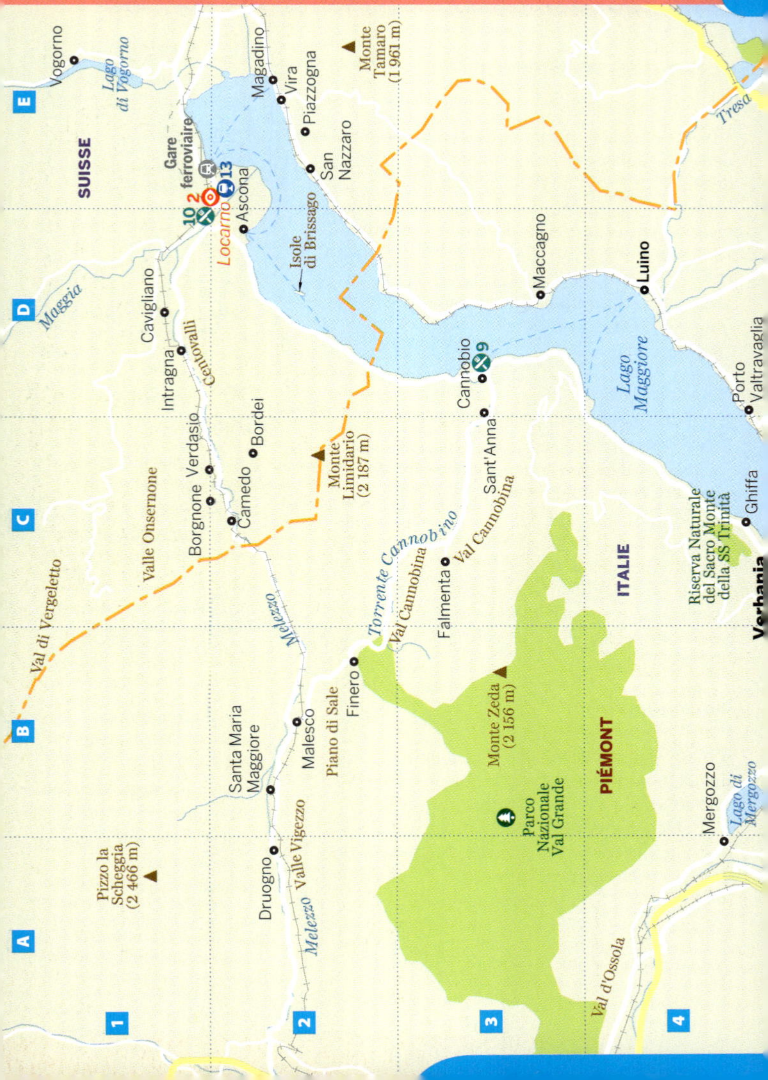
A
B
C
D
E
1
2
3
4
SUISSE
ITALIE
PIÉMONT
Vogorno
Lago di Vogorno
Maggia
Gare ferroviaire
Locarno
Ascona
Magadino
Vira
Piazzogna
San Nazzaro
Monte Tamaro (1 961 m)
Isole di Brissago
Tresa
Cavigliano
Intragna
Centovalli
Verdasio
Borgnone
Camedo
Bordei
Valle Onsernone
Val di Vergeletto
Monte Limidario (2 187 m)
Maccagno
Luino
Cannobio
Lago Maggiore
Porto Valtravaglia
Sant'Anna
Torrente Cannobino
Val Cannobina
Falmenta
Ghiffa
Riserva Naturale del Sacro Monte della SS Trinità
Verbania
Melezzo
Finero
Piano di Sale
Malesco
Santa Maria Maggiore
Monte Zeda (2 156 m)
Parco Nazionale Val Grande
Pizzo la Scheggia (2 466 m)
Druogno
Valle Vigezzo
Mergozzo
Lago di Mergozzo
Val d'Ossola
10
2
13
9

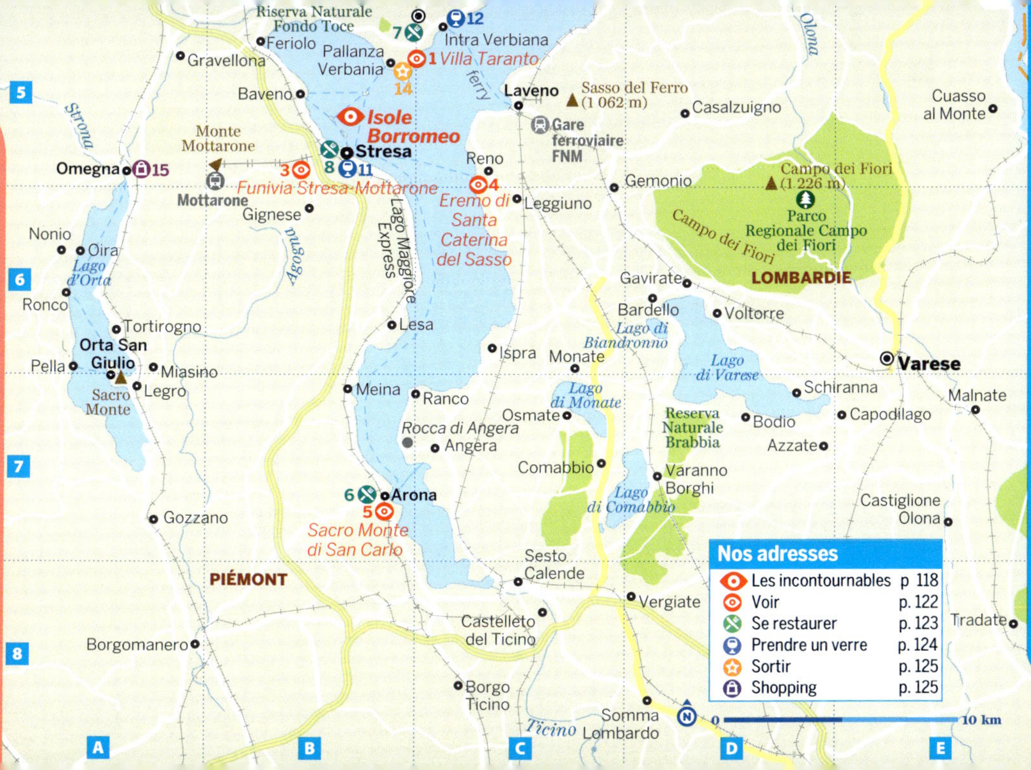


## Nos adresses

| | | |
|---|---|---|
| | Les incontournables | p 118 |
| | Voir | p. 122 |
| | Se restaurer | p. 123 |
| | Prendre un verre | p. 124 |
| | Sortir | p. 125 |
| | Shopping | p. 125 |

# Voir

## Villa Taranto

JARDIN BOTANIQUE

1 Plan p. 120, C5

En 1931, l'archer royal et capitaine écossais Neil McEacharn acheta la Villa Taranto, près de Verbania Pallanza, à la famille de Savoie. Il planta plus de 20 000 espèces végétales en 30 ans, créant l'un des plus beaux jardins botaniques d'Europe, avec des rhododendrons et des camélias à flanc de colline, des hectares de tulipes et des serres pleines de nénuphars équatoriaux. (0323 40 45 55 ; www.villataranto.it ; Via Vittorio Veneto 111, Verbania Pallanza ; tarif plein/réduit 9,50/5,50 € ; 8h30-18h30 ; P; Villa Taranto)

## Locarno

VILLE SUISSE

2 Plan p. 120, E1

Gouvernée par la dynastie milanaise des Visconti jusqu'en 1513, Locarno est aujourd'hui connue pour ses concerts d'été et son Festival international du film. Flânez dans les rues et sur la promenade au bord du lac et admirez les belles œuvres lombardes cachées dans des églises comme la **Chiesa Nuova** (Via Cittadella) et la **Chiesa di San Francesco** (Piazza San Francesco). Un funiculaire monte sur 365 m jusqu'au **Santuario della Madonna del Sasso** (Via del Santuario 2), où *La Fuite en Egypte* (*La Fuga in Egitto*) de Bramantino représente Marie dans un paysage de Lombardie. (Locarno)

SIMEONE HUBER / GETTY ©

Palazzo Borromeo (p. 119)

## Funivia Stresa-Mottarone

TÉLÉPHÉRIQUE

3 Plan p. 120, B5

Le trajet de 20 minutes en téléphérique jusqu'au Monte Mottarone, à 1 491 m, offre une vue magnifique sur le lac. Par beau temps, on distingue aussi le lac d'Orta ainsi que le Monte Rosa, à la frontière suisse. (0323 3 02 95 ; www.stresa-mottarone.it ; Piazzale della Funivia, Mottarone ; aller-retour tarif plein/réduit 17,50/11 € ; 9h30-17h30 ; ; Stresa). À la station intermédiaire (803 m), plus de 1 000 espèces alpines et subalpines fleurissent depuis 1934 dans le **Giardino Botanico Alpini**

(☎0323 3 02 95 ; www.giardinoalpinia.it ; tarif plein/réduit 3/2,50 € ; ⌚9h30-18h avr-oct).

### Eremo di Santa Caterina del Sasso

MONASTÈRE

4 Plan p. 120, C5

Accroché à la paroi rocheuse de la rive sud-est du lac Majeur à 13 km au nord d'Angera, l'ermitage Santa Caterina del Sasso est l'un des monastères les plus spectaculaires du nord de l'Italie. Son point fort est l'**église Sainte-Catherine,** composée de 3 chapelles abritant une multitude de fresques et reliées par un chemin de pierre. (☎0332 28 61 63 ; www.santacaterinadelsasso.com ; Via Santa Caterina 13, Leggiuno ; ⌚8h30-12h et 14h30-17h mars-oct, 9h-12h et 14h-17h sam et dim nov-fév ; ⛴Santa Caterina)

### Sacro Monte di San Carlo

SITE RELIGIEUX

5 Plan p. 120, B7

Né à Arona, San Carlo Borromeo (1538-1584), évêque de Milan, fut canonisé en 1610. Son cousin, Federico, ordonna la création d'un *sacro monte* (mont sacré), avec un chemin bordé de 15 chapelles montant vers une église. L'église et 3 des chapelles furent édifiées, ainsi qu'une statue creuse du saint en bronze et cuivre de 35 m de haut. On peut monter à l'intérieur de cette dernière, baptisée "le Colosse", pour admirer une vue fantastique. (☎0322 24 96 69 ; www.piemontesacro.it ; Piazza San Carlo, Arona ; 4 € ; ⌚9h-12h30 et 14h30-18h mars-oct, jusqu'à 16h30 sam et dim nov-fév ; 👪 ; ⛴Arona)

Bon plan

**Cinéma en plein air**

En août, chaque année depuis 1948, Locarno organise pendant 2 semaines le **Festival Internazionale del Film** (Festival international du film ; ☎091 756 21 21 ; www.pardo.ch ; Via Ciseri 23). Les films sont projetés en salle pendant la journée, et sur un écran géant, le soir, Piazza Grande.

## Se restaurer

### Taverna del Pittore

ITALIEN **€€€**

6 Plan p. 120, B7

À Arona, c'est sans doute le restaurant le plus romantique du lac Majeur, avec une terrasse au bord de l'eau donnant sur la Rocca di Angera illuminée la nuit. Sa carte raffinée comporte des *lasagnette* au safran, des raviolis aux truffes et une exceptionnelle *tagliata* aux champignons. (☎0322 24 33 66 ; www.ristorantetavernadelpittore.it ; Piazza del Popolo 39, Arona ; repas 60-80 € ; ⌚mar-dim ; ❄ ; ⛴Arona)

### Ristorante Milano

ITALIEN CONTEMPORAIN **€€€**

7 Plan p. 120, C5

À Verbania, cet établissement rempli d'antiquités compte quelques tables dans un jardin résonnant du chant des oiseaux, avec vue sur l'Isolino San Giovanni où Toscanini passait jadis ses étés. Cuisine locale de saison : poisson pêché dans le lac, bœuf piémontais Fassone et légumes cultivés sur place. (0323 55 68 15 ; www.ristorantemilanolagomaggiore.it ; Corso Zanitelli 2, Verbania ; repas 50-60 € ; mer-dim, midi lun avr-oct ; ; Verbania)

### Ristorante Il Vicoletto ITALIEN €€

8 Plan p. 120, B5

À une courte marche du centre de Stresa, Il Vicoletto propose une bonne petite carte régionale, notamment de la truite, des asperges sauvages et du risotto traditionnel au *radicchio* et au fromage *taleggio*. La salle est d'une élégance discrète, avec ses buffets garnis de bouteilles et ses nappes en tissu, et la clientèle locale témoigne de la qualité de l'endroit dans cette ville touristique. (0323 93 21 02 ; www.ristoranteilvicoletto.com ; Vicolo di Poncivo 3, Stresa ; repas 30-45 € ; midi et soir ven-mer ; Verbania)

Bon plan

### Lago Maggiore Express

Le **Lago Maggiore Express** (www.lagomaggioreexpress.com ; 1 jour tarif plein/réduit 26/13 €, 2 jours 33,60/16,80 €) est une excursion sans guide qui permet de prendre le train à Arona ou Stresa pour Domodossola, puis monter dans le charmant Centovalli (train des Cent Vallées) vers Locarno, en Suisse, avant de rentrer à Stresa en ferry. Les billets s'achètent aux guichets de Navigazione Lago Maggiore dans les différentes villes.

### Lo Scalo ITALIEN CONTEMPORAIN €€€

9 Plan p. 120, D3

Pour un repas romantique, cette adresse chic à Cambio offre un cadre parfait et une cuisine d'une sophistication de bon goût, comme de fines pâtes *tagliolini* à la seiche et aux courgettes et de la pintade rôtie. (0323 7 14 80 ; www.loscalo.com ; Piazza Vittorio Emanuele III 32, Cannobio ; repas 60 € ; mer-dim, soir mar ; ; Cannobio)

### Osteria Chiara ITALIEN €€

10 Plan p. 120, E1

Ambiance intimiste dans une ruelle pavée de Locarno. Prenez place à une table en granit sous la pergola ou à une table en bois au coin du feu pour déguster pâtes et plats de viande. Du lac, suivez les panneaux le long du Vicolo dei Nessi. (+41 091 743 32 96 ; www.osteriachiara.ch ; Vicolo della Chiara 1, Locarno ; plats 16-30 CHF ; mar-sam ; ; Cannobio)

## Prendre un verre

### Grand Hôtel des îles Borromées PIANO-BAR

11 Plan p. 120, B5

Après un passage sur le front italien en 1918, Ernest Hemingway séjourna dans cet hôtel et y écrivit son roman d'inspiration autobiographique *L'Adieu aux armes*. Ce luxueux établissement a aussi vu passer la princesse Margaret et les Vanderbilt. Si vous n'avez pas les moyens d'y loger, allez toujours prendre un manhattan sur la terrasse. (032 93 89 38 ; www.borromees.it ; Corso Umberto I, 67, Stresa ; 18h-tard ; Stresa)

### La Bottiglieria del Castello

ENOTECA

12 Plan p. 120, C5

Sur une jolie place à Intra Verbania, faites une pause devant du fromage des montagnes et un verre de dolcetto, une tradition née en 1905 quand le restaurant attenant, l'Osteria Castello, accueillait des ouvriers et des pêcheurs venus échanger des nouvelles après leur journée de travail. (0323 51 65 79 ; www.osteriacastello.com ; Piazza Castello 9, Intra Verbania ; lun-sam ; Verbania)

### Caffé dell'Arte

CAFÉ-BAR

13 Plan p. 120, E1

Dans un palais du XIVe siècle au cœur de la vieille ville de Locarno, ce bar élégant jouxte la Fondazione Patrizio Patelli, une galerie à but non lucratif exposant des artistes locaux. On peut passer la nuit dans le B&B à l'étage. (+41 091 751 93 33 ; www.caffedellarte.ch ; Via Cittadella 9, Locarno ; 8h30-21h mar-sam ; Locarno)

## Sortir

### Villa Giulia

SALLE DE CONCERT

14 Plan p. 120, B5

Avec sa haute façade jaune citron et ses balcons à colonnades, la belle Villa Giulia forme un cadre agréable pour des concerts d'été en plein air. Ancienne résidence de Bernardino Branca, inventeur du célèbre Fernet-Branca, elle possède un bar à cocktails donnant sur le lac. (032 503 249 ; www.barvillagiulia.it ; Corso Zanitello 8, Pallanza Verbania ; ; Verbania)

Bon plan

**Au marché**

Au pied d'une vallée à 15 km de la frontière suisse, le village de **Cannobio** (plan p. 120, D3) est l'un des plus charmants de la région.

Le dimanche, un grand marché au bord de l'eau réunit environ 300 marchands de viandes, de vins, de fromages, de friandises et d'autres articles non alimentaires.

## Shopping

### Alessi

MAGASIN D'USINE

15 Plan p. 120, A5

Fondé à Omegna en 1921, Alessi a transformé la cuisine moderne en vendant des ustensiles tendance créés par des architectes-designers comme Achille Castiglioni, Philippe Starck et Zaha Hadid. Vous les trouverez dans cet immense magasin d'usine qui propose aussi des offres spéciales et des fins de série. (0323 86 86 48 ; www.alessi.com ; Via Privata Alessi 6, Omegna ; 9h30-18h lun-sam, 14h30-18h dim)

Explorer

# Lac de Côme et ses environs

Enserré entre des versants abrupts et verdoyants des Alpes rhétiques, le lac de Côme (Lago di Como), parfois appelé Lario, est le plus spectaculaire des lacs d'Italie du Nord. En forme de Y renversé, il est bordé de villages, dont le charmant Bellagio, situé sur un petit promontoire là où convergent les deux bras du Y.

## L'essentiel en un jour

Loger à Bellagio permet d'accéder facilement à tous les sites de la région. Là, après votre café du matin, traversez l'élégant jardin de la **Villa Melzi** (p. 129) jusqu'à la Piazza Mazzini où vous prendrez un hydroglisseur pour la **Villa Monastero** (p. 133) à Varenne, les sculptures de la **Villa Carlotta** (p. 133) à Tremezzo, ou les boutiques et les sites de Côme.

En allant à Côme, déjeunez à l'**Ittiturismo da Abate** (p. 134), la seule ferme pisicole encore en activité sur le lac. Hors saison, pensez à réserver, car les employés seront peut-être partis pêcher. À Côme, suivez la Passeggiata di Lino Gelpi jalonnée de demeures au bord de l'eau jusqu'à la **Villa Olmo** (p. 132) pour flâner dans le jardin, voir une exposition ou paresser au bord de la **piscine** (p. 132).

Au coucher du soleil, survolez le lac en **hydravion** (p. 132) ou montez à Brunate par le **téléphérique** (p. 132). Pour dîner, réservez une table au coin du feu ou sur la terrasse à **Al Veluu** (p. 135) et regardez les lumières scintiller sur le lac.

### Les incontournables

Bellagio (p. 128)

### Le meilleur du lac de Côme

**Architecture**

Villa Olmo (p. 132)

**Expériences inoubliables**

Aero Club Como (p. 132)

Lido Villa Olmo (p. 132)

Villa Monastero (p. 133)

**Mode**

A Picci (p. 137)

### Comment y aller

**Train** Départ toutes les heures des gares Stazione Centrale et Porta Garibaldi à Milan pour la gare San Giovanni de Côme. Les trains partant de la Stazione Nord de Milan arrivent à la Stazione FNM de Côme (indiquée "Como Nord Lago"sur les horaires).

**Bateau** Les ferrys et les hydroglisseurs sur le lac sont gérés par **Navigazione Lago di Como** (800 55 18 01 ; www.navigazionelaghi.it). Des billetteries se trouvent près de l'embarcadère dans chaque ville.

# Les incontournables
# Bellagio

Impossible de ne pas être charmé par Bellagio, ses bateaux qui tanguent, son dédale d'escaliers en pierre, ses bosquets de cyprès et ses jardins de rhododendrons. Son emplacement stratégique sur un promontoire, entre les deux branches du lac en fit l'objet d'une âpre rivalité entre Milan et Côme, d'où ses fortifications en ruine et son église San Giacomo édifiée par des maîtres bâtisseurs de Côme entre 1075 et 1125. Fourmillant de visiteurs en été, le village retrouve tout son calme hors saison.

Plan p. 130, D5

031 95 02 04

www.bellagiolakecomo.com

Piazza della Chiesa 14

Bellagio

# À ne pas manquer

## Villa Serbelloni

Bellagio est une villégiature d'été appréciée depuis l'époque romaine : Pline le jeune séjournait à l'époque sur le promontoire où se tient la **Villa Serbelloni** (031 95 15 55 ; Via Garibaldi 8 ; tarif plein/réduit 8,50/4,50 € ; visites 11h30 et 15h30 mar-dim avr-oct). Des oliviers et des lauriers plantés par les Romains parsèment ses jardins de 20 ha, qui furent aménagés dans le style italien, anglais et méditerranéen au début du XIXe siècle. La villa, aujourd'hui propriété de la fondation Rockefeller, est un centre d'études et de conférences, mais les jardins sont ouverts au public pour des visites guidées.

## Villa Melzi

Bâtie en 1808 pour Francesco Melzi d'Eril (1753-1816), conseiller de Napoléon et vice-président de la première République italienne, la **Villa Melzi** (www.giardinidivillamelzi.it ; Lungo Lario Manzoni ; tarif plein/réduit 6/4 € ; 9h30-18h30 mars-nov) est l'une des plus élégantes du lac, dotée de jardins parfaitement entretenus qui s'étendent jusqu'à la berge. Liszt y composa en 1837 une sonate romantique dédiée à Dante et Béatrice.

## Excursions sur le lac

Pour une sortie glamour, offrez-vous une balade dans l'un des élégants bateaux en acajou de **Barindelli** (338 211 03 37 ; www.barindellitaxiboats.it ; Piazza Mazzini). Une excursion d'une heure au coucher du soleil (130 € pour 12 pers maximum) le long du promontoire permet d'admirer la splendeur de la Villa Serbelloni depuis le lac. Des itinéraires plus longs, comprenant un pique-nique à midi, sont organisés sur demande.



## À savoir

- Les jardins sont particulièrement beaux entre mars et mai, quand fleurissent les camélias, les azalées et les rhododendrons.
- **PromoBellagio** (031 95 15 55 ; www.bellagiolakecomo.com ; Piazza della Chiesa 14 ; 9h30-13h lun, 9h30-12h30 et 13h30-16h mer-ven) organise des visites guidées dans les jardins de la Villa Serbelloni.
- À partir de Bellagio, un billet d'une journée (12 €) offre des trajets illimités vers Varenna, Tremezzo et Cadenabbia.

## Une petite faim ?

Faites une pause café sous les arcades de la Piazza Mazzini dans la salle centenaire du Bar Rossi (p. 136).

Pour le déjeuner, suivez l'avenue arborée le long de l'eau à travers les jardins de la Villa Melzi jusqu'à l'Albergo Silvio (p. 134) pour déguster des fruits de mer en terrasse.

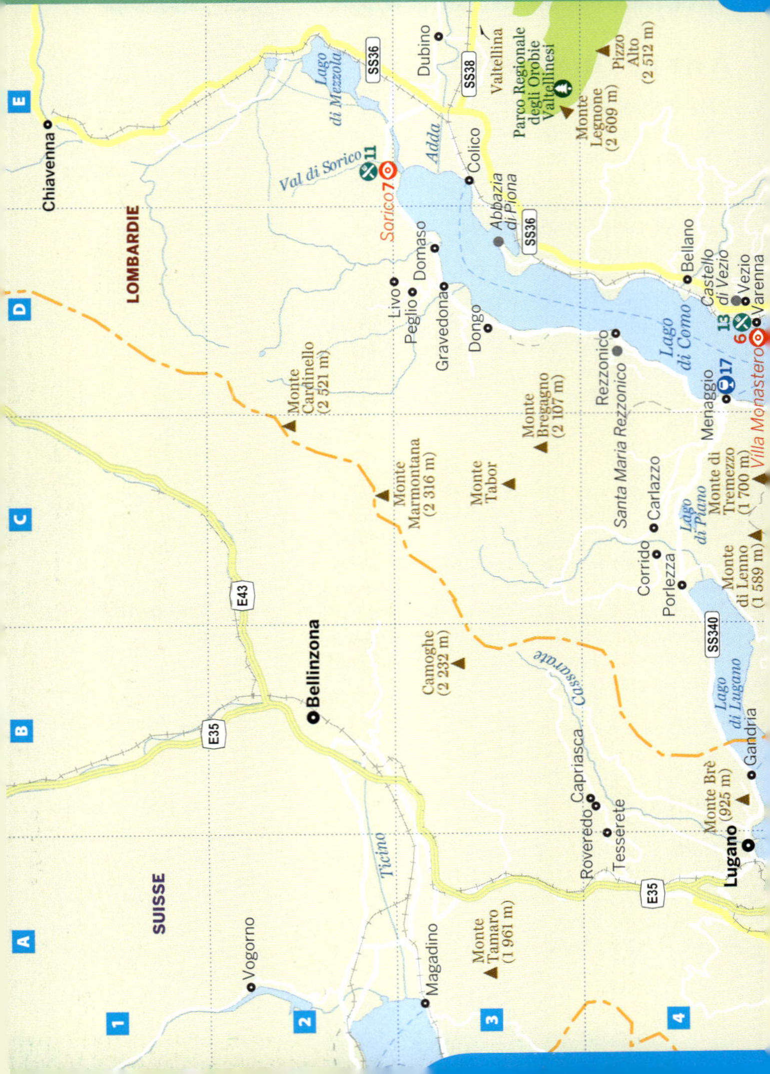

A
B
C
D
E
1
2
3
4
SUISSE
LOMBARDIE
Chiavenna
Lago di Mezzola
SS36
Dubino
SS38
Valtellina
Parco Regionale delle Orobie Valtellinesi
Pizzo Alto (2 512 m)
Monte Legnone (2 609 m)
Colico
Adda
Abbazia di Piona
SS36
Val di Sorico
11
Sorico
7
Domaso
Livo
Peglio
Gravedona
Dongo
Monte Cardinello (2 521 m)
Monte Marmontana (2 316 m)
Monte Tabor
Monte Bregagno (2 107 m)
Rezzonico
Santa Maria Rezzonico
Lago di Como
Bellano
Castello di Vezio
Vezio
Varenna
13
6
Villa Monastero
17
Menaggio
Monte di Tremezzo (1 700 m)
Carlazzo
Lago di Piano
Corrido
Porlezza
Monte di Lenno (1 589 m)
SS340
Lago di Lugano
Gandria
Monte Brè (925 m)
Lugano
E35
Cassarate
Camoghe (2 232 m)
Capriasca
Roveredo
Tesserete
Bellinzona
E43
E35
Ticino
Vogorno
Magadino
Monte Tamaro (1 961 m)

## Nos adresses

| | |
|---|---|
| Les incontournables | p. 128 |
| Voir | p. 132 |
| Se restaurer | p. 134 |
| Prendre un verre | p. 136 |
| Shopping | p. 137 |

# Voir

## Villa Olmo

VILLA, MUSÉE

1 Plan p. 130, B7

Idéalement située face au lac dans des jardins à l'italienne, la Villa Olmo, néoclassique, est l'un des emblèmes de Côme. Bâtie en 1728 par la famille Odescalchi, parente du pape Innocent XI, elle accueille des expositions dans un somptueux intérieur de style Liberty (Art nouveau). (031 57 61 69 ; www.grandimostrecomo.it ; Via Cantoni 1, Côme ; tarif plein/réduit 10/8 € ; 9h-20h mar-jeu, 9h-22h ven-dim pendant les expositions ; ; Côme). En été, le public a accès au **Lido di Villa Olmo** (Via Cernobbio 2 ; tarif plein/réduit journée 6/4 €, demi-journée 4,50/2,50 € ; 9h-19h mi-mai à sept), une piscine découverte avec bar.

## Funicolare Como-Brunate

TÉLÉPHÉRIQUE

2 Plan p. 130, B7

Au nord-est sur le front de mer de Côme, après la Piazza Matteotti et la gare ferroviaire, le téléphérique Côme-Brunate date de 1894. Il met 7 minutes pour atteindre **Brunate** (720 m), un village tranquille offrant une superbe vue. Là, montez les 143 marches menant en haut du phare, le **Faro Voltiano**, pour contempler la vue. L'office du tourisme de Côme fournit une carte des promenades alentour. (031 30 36 08 ; www.funicolarecomo.it ; Piazza de Gasperi 4, Côme ; aller simple/aller-retour 2,80/5,10 € ; 8h-minuit mi-avril à mi-sept, jusqu'à 22h30 mi-sept à mi-avr ; ; Côme)

## Aero Club Como

SORTIES EN AVION

3 Plan p. 130, B7

Pour admirer Bellagio de haut, le Como Aero Club organise des excursions de 30 minutes en hydravion. Des sorties plus longues jusqu'aux lacs Majeur et de Lugano sont aussi possibles. En été, réservez au moins 3 ou 4 jours à l'avance. (031 57 44 95 ; www.aeroclubcomo.com ; Via Masia 44, Côme ; vol pour 2 pers 140 € ; Côme)

## Villa del Balbianello

VILLA, JARDIN

4 Plan p. 130, C5

Des scènes de *Casino Royale* et de *Stars Wars : L'Attaque des clones* ont été tournées dans cette villa, l'un des plus beaux cadres du lac de Côme. Bâtie par le cardinal Angelo Durini en 1787, cette villa, située à 1 km de Lenno, occupe un jardin fleuri qui semble couler le long du promontoire sur lequel elle est juchée. Le mardi et le week-end seulement, les visiteurs peuvent emprunter le sentier de 1 km entre l'embarcadère de Lenno et la propriété. Les autres jours, il faut prendre un **bateau-taxi** (aller-retour 6 €/pers). Pour admirer la villa, vous devrez suivre une visite guidée (en italien). (0344 5 61 10 ; www.fondoambiente.it ; Via Comoedia 5, Località Balbianello ; villa et jardin tarif plein/réduit 12/7 €, jardin seul 6/3 € ; 10h-18h mar et jeu-dim mi-mars à mi-nov ; Lenno)

ANDREAS STRAUSS / GETTY IMAGES ©

Débarcadère, Villa del Balbianello

## Villa Carlotta

MUSÉE, JARDIN

5 Plan p. 130, C5

Les jardins botaniques de cette villa du XVIIe siècle explosent de couleurs au printemps : orangers sur pergolas, rhododendrons, azalées et camélias extraordinaires. Remplie de tableaux, de sculptures (notamment d'Antonio Canova) et de tapisseries, la villa doit son nom à la princesse prussienne qui la reçut de sa mère en 1847 en guise de cadeau de mariage. (0344 4 04 05 ; www.villacarlotta.it ; Via Regina 2 ; tarif plein/réduit 9/5 € ; 9h-17h Pâques-sept, 10h-16h mi-mars à Pâques et oct à mi-nov ; Cadenabbia)

## Villa Monastero

VILLA, JARDIN

6 Plan p. 130, D4

À Varenna, cet ancien couvent devenu résidence de la famille Mornico entre les XVIIe et XIXe siècles possède de beaux jardins plantés de yuccas, de camélias et de magnolias, dont l'un serait vieux de 400 ans. L'intérieur est tout aussi somptueux : la pièce située face à la salle de bains est tapissée de cuir espagnol pour protéger les murs de l'humidité ! (0341 29 54 50 ; villa monastero.eu ; Via IV Novembre, Varenna ; tarif plein/réduit 5/2 € ; jardins 9h-19h lun-jeu, 9h-14h ven, villa et jardins 14h-19h ven, 9h-19h sam et dim ; Varenna)

100 % milanais

**Giro d'Italia**

Vous verrez autour du lac de Côme quantité de cyclistes amateurs habillés comme des champions (les Milanais aiment faire les choses avec classe). Beaucoup suivent des itinéraires qui ont servi au Giro d'Italie.

Deuxième course cycliste mondiale après le Tour de France, le Giro attire des athlètes du monde entier depuis 1909. Milan accueille traditionnellement un contre-la-montre.

### Sorico

VILLAGE DE PÊCHEURS

7 Plan p. 130, E2

Les villes de Dongo, Gravedona et Sorico, à la pointe nord du lac, formaient jadis la république des Tre Pievi (Trois Paroisses), un foyer de l'hérésie cathare. Aujourd'hui, elles drainent surtout les amateurs de sports nautiques. Sorico, la plus septentrionale, garde l'embouchure de la Mera, qui s'écoule dans le lac Mezzola, autrefois partie intégrante du lac de Côme et aujourd'hui réserve naturelle peuplée d'oiseaux. Suivez la rivière jusqu'au minuscule **Oratorio di San Fedelino,** où une fresque millénaire représente le Christ et ses apôtres. Le lieu n'est accessible qu'à pied ou en bateau depuis Sorico.

( ; Gravedona, Domaso)

## Se restaurer

### Ittiturismo Da Abate

CUISINE DU TERROIR, FRUITS DE MER **€€**

8 Plan p. 130, C5

À 8 km au sud de Bellagio dans le hameau de Lezzeno, cette adresse gérée par Claudio et Giuseppe et recommandée par Slow Food est l'une des dernières fermes piscicoles du lac. Spécialités de poisson traditionnelles, comme le *lavarello* au vinaigre balsamique, les *linguine* à la perche et aux olives noires et le *missoltino* (poisson séché au sel et aux feuilles de laurier). ( 338 584 38 14 ; www.ittiturismodabate.it ; Frazione Villa 4, Lezzeno ; repas 25-35 € ; soir mar-dim, midi sam et dim ; ; Lezzeno)

### Albergo Silvio

CUISINE DU TERROIR CONTEMPORAINE **€€**

9 Plan p. 130, D5

Au-dessus du village de pêcheurs de Loppia, accessible du centre de Bellagio en traversant les jardins de la Villa Melzi, le restaurant de cet hôtel familial, avec vue sur la Villa Carlotta de l'autre côté du lac, fait l'unanimité. À la carte : *lavarello*, raviolis à la mousse de poisson et *toc*, une polenta régionale mélangée avec du fromage et cuite sur le feu pendant 2 heures. ( 031 95 03 22 ; www.bellagiosilvio.com ; Via Carcano 12, Bellagio ; repas 30-50 € ; mars à mi-nov et semaine de Noël ; P ; Bellagio)

### Al Veluu
CUISINE DU TERROIR €€€

10 Plan p. 130, C5

Sur une colline escarpée au-dessus de Tremezzo, Al Veluu offre une vue panoramique et une cuisine maison faite avec des produits de saison en provenance des montagnes et du lac : chevreau de lait au romarin à Pâques ou asperges sauvages et polenta. (0344 4 05 10 ; www.alveluu.com ; Via Rogaro 11, Tremezzo ; repas 50-70 € ; mer-lun ; ; Cadenabbia)

### Agriturismo Giacomino
AGRITURISMO €€

11 Plan p. 130, E2

À 1 100 m d'altitude, ce charmant *agriturismo* adossé à une forêt de pins offre une vue fabuleuse sur le lac Mezzola. Le chef Pinuccia prépare ici une délicieuse cuisine du terroir, dont un menu de 5 plats comprenant du salami, des saucisses, du lapin, du miel, des confitures et des compotes, accompagnés de vin maison. Réservation indispensable. (0344 8 47 10 ; www.agriturismogiacomino.it ; Via Fordeccia 42, Bugiallo, Sorico ; repas 25-35 € ; P ; Gravedona, Domaso)

### Crotto del Sergente
TRATTORIA €€

12 Plan p. 130, B7

Ce restaurant Slow Food servant une cuisine locale typique se trouve à quelque distance du lac, à Lora, dans la banlieue de Côme, près du musée de la Soie. Attablez-vous sous les voûtes en brique de cette ancienne cave et régalez-vous de saucisson de cheval aux châtaignes et au miel ou de *crespelli* (crêpes) aux poireaux. En été, réservez si vous voulez déjeuner sur la terrasse. (031 28 39 11 ; www.crottodelsergente.it ; Via Crotto del Sergente 13, Côme ; repas 35 € ; jeu-mar, fermé sam midi ; Côme)

### Cavallino
TRATTORIA €€

13 Plan p. 130, D4

Sur la jetée de Varenna, vous mangerez du poisson pêché par le propriétaire, Giordano Valentini. Les *primi* (entrées) comprennent de la perche du lac et du pâté de *lavarello*. Également fait maison, le *risotto mantecato* est préparé avec du fromage *taleggio* pour créer un effet crémeux. En réservant, vous pouvez aller pêcher avec le patron et déguster votre prise. (0341 81 52 19 ; www.cavallino-varenna.it ; Piazza Martiri della Libertà, Varenna ; repas 25-35 € ; jeu-mar ; ; Varenna)

### Trattoria dei Combattenti
TRATTORIA €

14 Plan p. 130, B7

Dans le bâtiment de l'Association des anciens combattants italiens, cette trattoria populaire propose une salle dotée de tables communes ou une terrasse ensoleillée dans une cour gravillonnée. Cuisine simple mais délicieuse : viandes grillées, salades et pâtes aux fruits de mer. À midi, le menu à 14 € est d'un bon rapport qualité/prix. (031 27 05 74 ; Via Balestra 5/9, Côme ; repas 20 € ; mer-lun ; ; Côme)

Villa Carlotta (p. 133)

# Prendre un verre

## Bar Rossi

CAFÉ-BAR

15 Plan p. 130, D5

Un peu en retrait du lac, sous les arcades de la Piazza Mazzini, venez prendre un café dans ce charmant bar Art nouveau où les dames de la bourgeoisie de Bellagio se retrouvent volontiers. La salle en acajou sculpté s'inspire des salons de thé édouardiens que M. Rossi fréquentait au début du XX$^{e}$ siècle. (031 95 01 96 ; Piazza Mazzini 22-24, Bellagio ; en-cas 2-6 € ; 7h30-minuit avr-sept, 7h30-22h30 oct-mars ; Bellagio)

## Castiglioni

BAR À VIN

16 Plan p. 130, B7

Établi ici depuis 1958, ce merveilleux bar-traiteur comprend désormais aussi un bar à vin et un restaurant. Goûtez un vin local (l'endroit en propose des dizaines) et une assiette de *prosciutto*, ou déjeunez dans le plaisant patio. Cuisine étonnamment raffinée et d'un excellent rapport qualité/prix : charcuterie, poisson pêché dans le lac et viande des montagnes. (031 26 33 88 ; www.castiglionistore.com ; Via Cesare Cantù 9, Côme ; lun-sam, midi 12h-14h30 ; Bellagio, Cadenabbia)

### Il Gabbiano

BAR

17 Plan p. 130, D4

À 3 km au nord de Cadenabbia, Menaggio possède un adorable centre-ville pavé et une place centrale avec vue sur l'eau. Le long de la berge, plusieurs cafés sont parfaits pour admirer le lac et observer les passants. La meilleure terrasse est celle d'Il Gabbiano : commandez une glace ou un verre de vin et détendez-vous. (0344 3 26 08 ; http://barilgabbiano.com ; Lungolago Castelli 25, Menaggio ; ; Menaggio)

## Shopping

### A Picci

SOIERIES

18 Plan p. 130, B7

Ouverte depuis 1919, voici la dernière boutique en ville à vendre des articles en soie dessinés et fabriqués à Côme : cravates, foulards, jetés de canapé et sarongs. Les produits sont regroupés par catégories de prix (à partir de 15 € pour une cravate) reflétant le savoir-faire et le travail que demande chaque pièce. (031 26 13 69 ; Via Vittorio Emanuele II 54, Côme ; 15h-19h30 lun, 9h-12h30 et 15h-19h30 mar-sam ; Côme)

### La Tessitura

MAGASIN D'USINE

19 Plan p. 130, B7

Mantero, l'un des grands noms de la soie à Côme, gère ce vaste magasin installé dans son ancienne usine (qui a déménagé en périphérie de la ville). Tout ce qu'on peut imprimer et tisser se trouve ici. (031 32 16 66 ; http://conceptstore.latessitura.com ; Viale Roosevelt 2A, Côme ; 11h-21h mar-sam ; Côme)

### Enoteca da Gigi

VIN

20 Plan p. 130, B7

Bouteilles de vin, de whisky, de grappa mais aussi d'huile d'olive et de vinaigre balsamique tapissent les murs de cette chaleureuse boutique et bar à vin, à Côme. Passez en fin de journée pour siroter un verre de prosecco ou de sauvignon blanc (à partir de 2 €), accompagné d'une *bruschetta* offerte par la maison. (031 26 31 86 ; www.enotecagigi.com ; Via Luini 48, Côme ; 9h-13 h et 14h30-20h lun-ven, 9h-21h sam, 11h-21h dim ; Côme)

# Milan et les lacs selon ses envies

## Les plus belles balades



## Envie de...



Sur les rives du lac de Côme (p. 126)

# Les plus belles balades
# **Le Milan historique**

## Itinéraire

Milan doit sa longue histoire à sa situation stratégique. La ville fut l'une des premières cités-États, et l'édit qui porte son nom mit fin en 313 à la persécution des chrétiens. Partez à la découverte des épisodes les plus tumultueux de son histoire de ses origines romaines, en passant par ses ambitions républicaines et ses prétentions industrielles,

**Départ** Piazza di Duomo ; métro Duomo

**Arrivée** Piazza Sempione ; métro Moscova

**Distance et durée** 3,2 km ; 1 heure 30

## Une petite faim ?

À mi-parcours, prenez un café ou un en-cas au **Bar Magenta** (p. 99) de style Liberty, sur le Corso Magenta. Sinon, finissez par un pique-nique dans le Parco Sempione ou prenez l'*aperitivo* au **Bar Bianco** (p. 81).

Castello Sforzesco (p. 76 )

### ❶ Duomo

D'une blancheur éclatante, le **Duomo** (p. 26) couvert de statues de marbre est la troisième plus grande église du monde. Entamée par Gian Galeazzo Visconti en 1386, sa construction a duré plusieurs siècles.

### ❷ Biblioteca Ambrosiana

En 1609, dans le bouillonnement intellectuel qui suivit le Moyen Âge, le cardinal Federico Borromeo fonda l'une des plus grandes bibliothèques d'Italie, la **Biblioteca Ambrosiana** (p. 34) ; on y voit des dessins de Léonard de Vinci tirés du *Codex Atlanticus*.

### ❸ Colonnes San Lorenzo

Le forum du Mediolanum antique était situé sur la Piazza Carrobbio. Non loin, les 16 colonnes formant le portique de la **Basilica di San Lorenzo** (p. 108) appartenaient jadis à un édifice romain. On peut aussi voir les vestiges d'un amphithéâtre dans la Via Edmondo de Amicis.

## ❹ Basilica di Sant'Ambrogio

Sur un ancien site funéraire paléochrétien, **Sant'Ambrogio** (p. 97) abrite les reliques de l'évêque saint Ambroise. Les styles lombard et roman attestent de sa longue histoire. Dans l'abside, la partie la plus ancienne, des mosaïques du IVe siècle représentent *Le Miracle de saint Ambroise.*

## ❺ Tempio della Vittoria

Tout près de la basilique, le **temple de la Victoire** dessiné par Giovanni Munzio honore 10 000 victimes de la Grande Guerre. Son aspect dépouillé suscita une controverse dans le Milan de l'après-guerre, où les Chemises noires de Mussolini prenaient leur essor.

## ❻ Museo Archeologico

Intégrant une partie des murailles de Mediolanum et une tour médiévale, le **Musée archéologique** (p. 98) expose une maquette de la cité romaine, des fragments de verre, des objets funéraires et des bijoux. L'église San Maurizio voisine est ornée de fresques de Bernardino Luini dépeignant des saints.

## ❼ Castello Sforzesco

Forteresse des Sforza, ce **château** (p. 76) à tourelles abrite aujourd'hui plusieurs musées qui permettent de suivre l'évolution de la ville. De ses remparts, la vue s'étend jusqu'au Parco Sempione et à l'Arco della Pace, de Napoléon.

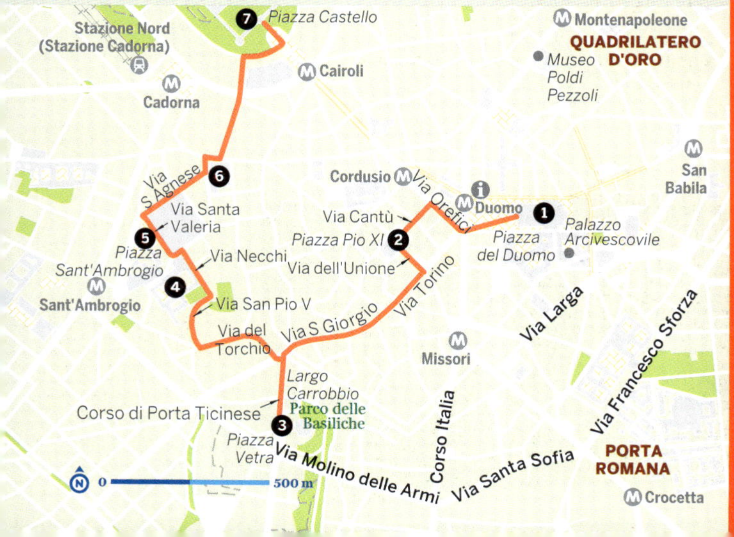

# Les plus belles balades
# Découvertes architecturales

## Itinéraire

Milan présente un mélange de styles architecturaux qui illustre son évolution vers une métropole moderne. Entre centres commerciaux néoclassiques, palais baroques et boulevards du XIX^e^ siècle bordés d'appartements de style Liberty et de villas d'architecture rationalistes, voici une balade à travers les siècles.

**Départ** Piazza di Duomo ; M Duomo

**Arrivée** Piazza Duca d'Aosta ; M Centrale FS

**Distance et durée** 4,5 km ; 2 heures

## Une petite faim ?

Arrêtez-vous dans le Quad pour un cappuccino et un mini *cornetto* (croissant) à **Cova** (p. 48). Pour le déjeuner ou l'*aperitivo*, optez pour **HClub** (p. 53).

Casa degli Omenoni

### 1 Galerie

La **Galleria Vittorio Emanuele II** (p. 34) en verre et acier est l'ancêtre des centres commerciaux modernes. Elle abrite des boutiques et cafés parmi les plus anciens de Milan, dont **Biffi** (p. 99), fondé en 1867 par le pâtissier royal Paolo Biffi, et **Savini**, où Charlie Chaplin déclara : "Je n'ai jamais si bien mangé."

### 2 Casa degli Omenoni

Rejoignez au nord la Via degli Omenoni pour contempler les atlantes (ou télamons) sculptés sur la façade de la **Casa degli Omenoni**, une résidence d'artiste du XVI^e^ siècle. Ces colosses sont devenus un modèle d'architecture décorative milanaise.

### 3 Quadrilatère d'or

Bordée de boutiques de stylistes, la Via Montenapoleone forme le cœur du **quartier de la mode.** Longeant le tracé de l'ancienne muraille romaine, elle était jadis jalonnée de petits épiciers et merciers qui fournissaient les demeures des nobles. Admirez le décor Renaissance du Palazzo Melzi di Cusano, du Palazzo Gavazzi et du **Museo Bagatti Valsecchi** (p. 51).

## ❹ Villa Necchi Campiglio

Après la Grande Guerre, les architectes milanais adoptèrent le nouveau style moderniste, en particulier Piero Portaluppi, qui laissa son empreinte Art déco et rationaliste sur toute la ville. Voyez notamment la **Villa Necchi Campiglio** (p. 35), avec son terrarium, ses volets électriques révolutionnaires et la première piscine privée de Milan.

## ❺ Casa Galimberti

Marquant la limite est des Giardini Pubblici, premier parc public d'Europe, le Corso Venezia est bordé de palais de styles néoclassique et Liberty. Cette zone atteignit son zénith dans les années 1920, au moment où l'Art nouveau faisait fureur. Dans la Via Malpighi, la **maison Galimberti** (n°3) incarne ce style, avec son exubérante façade en céramique et ses balcons en fer forgé.

## ❻ Tour Pirelli

Finissez à la **Stazione Centrale** (1925-1931, p. 82), la plus grande gare d'Italie, ornée de chevaux ailés, de médaillons et de mosaïques. En face, contrastant avec ce style Art déco élaboré, la **Torre Pirelli** (1955-1960, p. 82) de Giò Ponti dresse sa gracieuse silhouette vers le ciel.

# Envie de... Mode

Milan a commencé à faire tourner les têtes après la Seconde Guerre mondiale, quand l'industrie de la mode a délaissé les ateliers de Florence en sa faveur. Aujourd'hui, les stylistes regroupés dans le Quadrilatero d'Oro ont de quoi combler les fashionistas averties. Il existe à Paris, New York et Londres des créateurs influents, mais aucune de ces villes ne rivalise avec Milan, où la mode possède autant d'importance que les biotechnologies et l'ingénierie.

### Allergie aux grands couturiers

Les jeunes créateurs et les boutiques multimarques se trouvent du côté de Brera, du Corso Como et du Corso Vercelli, tandis que le grand magasin La Rinascente habille les hommes, les femmes et les enfants. Pour le prêt-à-porter, essayez la Porta Ticinese, la Via Torino et le Corso Buenos Aires. Les Navigli et la Zona Tortona sont le domaine de la mode alternative et avant-gardiste.

## Nulle part ailleurs

**G. Lorenzi** Articles de toilette de grande qualité pour hommes. (p. 49)

**Frip** Mode avant-gardiste proposée par un couple de DJ-styliste. (p. 113)

**La Vetrina di Beryl** Unique boutique de Barbara Beryl, bien connue des amoureux chaussures. (p. 70)

## Au top de la mode

**10 Corso Como** Boutique ultra-tendance bourrée d'articles sélects. (p. 89)

**Aspesi** La quintessence du style milanais classique. (p. 55)

**Casadei** Chaussures pour *it-girls* créées par Quinto et Flora Casadei. (p. 56)

**A Picci** Dernière boutique de soieries de Côme ; articles de qualité. (p. 137)

RICHARD I'ANSON/GETTY IMAGES ©

## Stocks de créateurs

**Il Salvagente** Prada, Armani et Versace à prix discount. (p. 40)

**Stock Etro** Le dernier chic sans se ruiner. (p. 113)

**Stock 10 Corso Como** De bonnes affaires sur de grandes marques. (p. 89)

## Vintage

**Superfly** Ambiance disco, micro-shorts et minirobes des années 1960 et 1970. (p. 105)

**Cavalli e Nastri** Couturiers italiens du début et du milieu du XX^e^ siècle. (p. 70)

**Vintage Delirium** Sur plusieurs niveaux, Franco Jacassi vend des vêtements vintage en parfait état. (p. 89)

# Envie de… Design

Milan possède les showrooms des plus grands noms du design, organise régulièrement des salons internationaux et demeure un centre en matière d'édition spécialisée et d'enseignement dans ce domaine. Ici, le design n'est pas uniquement fonctionnel (même s'il repose toujours sur l'idéal moderniste qu'est la création d'objets utiles) ; il est également expressif, inventif, humoristique et individuel.

## Who's Who

Le musée du Design installé à la Triennale (p. 78) est une merveilleuse façon de faire plus ample connaissance avec les meilleurs designers italiens, parmi lesquels Giò Ponti, Bruno Munari, Piero Fornasetti, Enzo Mari, les frères Castiglioni, Gaetano Pesce, Mario Bellini, Gae Aulenti, Ettore Sottsass et Alessandro Mendini.

## Inspiration design

**Triennale di Milano** Musée, lieu d'enseignement et showroom, la Triennale est le temple du design depuis les années 1930. (p. 78)

**Studio Museo Achille Castiglioni** L'atelier d'un des designers italiens les plus influents du XXe siècle. (p. 82)

**Museo Nazionale della Scienza e della Tecnologia** Vaste collection comprenant des maquettes des machines inventées par Léonard de Vinci. (p. 94)

**Design Library** Pour feuilleter d'anciens numéros de *Domus*, *Abitare* et *Ottogono*. (p. 114)

**Fiera Milano** Petit bijou d'architecture, sa voile de verre et d'acier conçue par Massimiliano Fuksas accueille notamment le Salon du meuble. (p. 84)

PAOLO CORDELLI/GETTY IMAGES ©

## Showrooms au top

**È de Padova** Six étages de superbes articles modernes réunis par Maddalena de Padova. (p. 41)

**Spazio Rossana Orlandi** Un lieu emblématique avec des objets et des articles pour la maison sortant de l'ordinaire. (p. 101)

**Alessi** Tous les produits Alessi dans une nouvelle boutique fabuleuse dessinée par Martí Guixé. (p. 49)

# Envie de... Restaurants

Comme la mode, la gastronomie est prise très au sérieux à Milan. Les nouvelles ouvertures sont chaudement commentées et les tables dans les restaurants étoilés difficiles à réserver. Traditionnelle, contemporaine ou fusion, la cuisine vous réserve ici des souvenirs mémorables.

## Cuisine de Milan...

La cuisine milanaise n'évoque pas autant le soleil que celle du sud de l'Italie, mais ses plats typiques n'en affichent pas moins une belle couleur dorée, comme le prouvent la *cotoletta* (la fameuse escalope milanaise) ou le *risotto alla milanese* (riz *carnaroli* de la vallée du Pô à la moelle de bœuf et au safran). Dans les mêmes tons dorés, citons aussi l'*osso bucco,* un jarret de veau nappé de *gremolata* (persil, ail et zestes de citron), la polenta qui accompagne les viandes ou les champignons, les raviolis à la citrouille et à la sauge, le *panettone* (sorte de brioche servie à Noël), la *mostarda di frutta* (fruits confits à la moutarde de Crémone) et les nombreux fromages de Lombardie.

## ... et d'ailleurs

Les plats génois et piémontais sont aussi présents, comme les *trofie* (pâtes torsadées) au pesto, pommes de terre et haricots verts, la *focaccia* aux oignons, le *bollito misto* (pot-au-feu de viandes) et la *fonduta* (fondue). Outre la cuisine de ces voisins proches, on trouve également des spécialités du Latium, de Campanie, de Toscane et des Pouilles, apportées par des générations d'immigrants, mais aussi des restaurants japonais, chinois, indiens, moyen-orientaux et africains, reflets d'une population milanaise aux origines toujours plus diverses.

PETER ERIK FORSBERG/FOOD/ALAMY ©

### ☑ À savoir

- Pour les restaurants les plus courus, il faut réserver les vendredis et samedis soirs et le dimanche midi. Durant le Salon du meuble et la Semaine de la mode, réservez tous vos repas.

## Cuisine italienne moderne

**Sadler** Table étoilée au Michelin, sur le canal Naviglio Grande. (p. 110)

**Trussardi alla Scala** Andrea Berton dirige cette adresse séduisante donnant sur La Scala. (p. 36)

**Pescheria da Claudio** Carpaccio, tartare de thon et *frutti di mare* aux

Glaces de chez Grom (p. 37 )

saveurs contemporaines. (p. 67)

**Il Teatro** Restaurant emblématique du Four Seasons Hotel. (p. 52)

## Grands classiques

**Ristorante Solferino** Sert *osso bucco*, escalopes milanaises et risotto depuis 1909. (p. 66)

**Da Giacomo** 30 ans d'un service impeccable et d'une cuisine toscane de qualité lui assurent une clientèle fidèle. (p. 36)

**Latteria di San Marco** Adresse familiale, avec Arturo à la cuisine et sa femme et ses filles en salle. (p. 66)

**Maxelâ** Cette franchise régionale sert aux Milanais la traditionnelle *bistecca alla fiorentina* de Toscane. (p. 66)

**Trattoria da Pino** Fidèle à ses racines populaires. (p. 36)

## Cuisine internationale

**Sushi Koboo** Très apprécié pour ses excellents sushis à prix raisonnables. (p. 110)

**Lon Fon** Ni lanternes chinoises ni bric-à-brac, juste une cuisine cantonaise maison avec quelques surprises de saison. (p. 52)

**Lyr** Cuisine libanaise contemporaine dans un cadre baroque luxueux. (p. 84)

## Pâtisseries

**Gattullo** Salle des années 1970 et excellent *panettone* artisanal. (p. 109)

**Princi** Plateaux chargés de pains, pâtisseries et desserts dans un splendide décor.(p. 67)

**Biffi Pasticceria** Serveurs stylés et impeccablement vêtus, et comptoir en bois croulant sous les gourmandises. (p. 99)

## Glaces

**Grom** Glaces, sorbets et *granite* bio de saison, avec *biscotti* de Battifollo. (p. 37)

**Gelateria Marghera** Le glacier le plus célèbre de Milan sert notamment des gâteaux à la crème glacée. (p. 99)

**Shockolat** Glaces chocolat noir, blanc, au lait, au piment, aux noisettes (*gianduja*) et à la cannelle. (p. 99)

# Envie de... Shopping

Loin de se limiter à la mode et au design, le shopping prend de multiples formes à Milan, avec moults ateliers d'artisan, "boutiques concept"et autres magasins. Regroupant aussi bien des bijoutiers que des boulangers, des charpentiers et des modistes, ce secteur dynamique a fourni l'aristocratie européenne pendant des siècles. Le choix et la qualité sont donc excellents.

## Alimentation et vin

**Peck** Une boutique historique pleine de viandes, de fromages, de pâtisseries, d'huiles, de pâtes, de chocolats et de vins. (p. 40)

**N'Ombra de Vin** Plus de 3 000 crus dans les caves voûtées d'un ancien réfectoire augustinien. (p. 68)

**Rinascente** Au 7e étage, l'espace restauration comprend un bar à mozzarella et un restaurant intérieur-extérieur. (p. 41)

## Créateurs indépendants

**Monica Castiglioni** Bijoutière autodidacte, fille du grand designer Achille Castiglioni. (p. 89)

**Calé Fragranza d'Autore** Parfumerie familiale offrant des fragrances artisanales. (p. 100)

**Borsalino** Ce chapelier mythique a fait l'objet d'une exposition à la Triennale. (p. 38)

## Souvenirs

**Art Book Triennale** Monographies d'art et livres pour enfants. (p. 79)

**Fabriano** Relookez votre bureau avec les articles de papeterie les plus tendance. (p. 70)

**Habits Culti** Articles de maison minimalistes et parfums d'intérieur. (p. 57)

**Citta del Sole** Jouets fabriqués à la main, jeux tactiques, stratégiques et de construction, et boomerangs. (p. 41)

RENAULT PHILIPPE/GETTY IMAGES ©

### À savoir

- Les magasins sont ouverts de 15h à 19h le lundi et de 10h à 19h du mardi au samedi mais certaines boutiques ferment entre 12h30 et 15h.
- Les non-ressortissants de l'UE peuvent se faire rembourser la TVA sur les achats de plus de 154,94 € dans les boutiques affichant une pancarte Tax Free Shopping. La Rinascente possède un comptoir spécial ; sinon, faites-vous rembourser à l'aéroport.

# Envie de... Bars

Comme tout à Milan, sortir prendre un verre est l'occasion de se montrer et de faire *bella figura* (bonne impression). L'*aperitivo* est servi de 18h à 21h, mais les Milanais arrivent rarement avant 19h. Concoctés d'une main experte, les cocktails sont généralement accompagnés d'un buffet savoureux, gratuit et parfois très copieux. Sachez cependant que se saouler est *molto volgare*.

## Haut de gamme

**Bulgari** Liqueurs vintage, cocktails mixés à la perfection et *aperitivo* chic. (p. 68)

**HClub** Le bar du Sheraton offre un buffet légendaire et un jardin aux lumières tamisées. (p. 142)

**Grand Hôtel des îles Borromées** Comme Hemingway, buvez un manhattan sur la terrasse devant le lac Majeur. (p. 124)

**10 Corso Como** Un bar branché où siroter un cocktail sous des guirlandes électriques. (p. 89)

## Bars à vin

**N'Ombra de Vin** Dégustations toute la journée dans les caves voûtées. (p. 68)

**La Bottiglieria del Castello** Excellents vins régionaux sur la jolie place centrale pavée d'Intra. (p. 125)

**Caffeteria degli Atellani** Découvrez des crus italiens inhabituels dans un bâtiment en verre étincelant. (p. 68)

## Ambiance festive

**Pandenus** Une ancienne boulangerie offrant un petit buffet et des boissons à prix raisonnable. (p. 53)

**Le Trottoir** Décor psychédélique et concerts dans un ancien bureau des douanes sur la Darsena. (p. 111)

**Bar Bianco** Au cœur du Parco Sempione, un rendez-vous incontournable en été. (p. 140)

SPAZIO FOTO MEREGHETTI/ALAMY ©

### À savoir

- Les boissons coûtent de 4 à 8 € environ, parfois jusqu'à 15 € dans certains bars de luxe. En général, plus le prix est élevé, plus le buffet est appréciable. À partir de 8 €, attendez-vous à des charcuteries, des fromages, des petites pizzas, des salades et même des pâtes.

# Envie de... Architecture

Le charme architectural de Milan, vitrine du design italien du XXe siècle, tient à son éclectisme. Dans ses larges rues, le style Liberty fin XIXe (Art nouveau) côtoie la rigueur rationaliste des années 1930, tandis que les années d'après-guerre sont représentées par deux gratte-ciel incomparables, la Torre Velasca de BBPR et la Torre Pirelli de Giò Ponti.

## Expo 2015

Les Milanais déplorent souvent que leur ville, réputée la plus moderne d'Italie, n'ait pas connu de construction notable depuis plus de 50 ans. Cela va changer : le bruit des marteaux-piqueurs autour de la Stazione Garibaldi annonce la rénovation de la Porta Nuova, avec un gratte-ciel signé César Pelli, des appartements aux jardins suspendus et une place encaissée, tandis que le site de la future Expo 2015 (170 ha) dans le quartier de Rho-Pero prend un visage futuriste sous l'impulsion des architectes Zaha Hadid, Arata Isozaki, Pier Paolo Maggiora et Daniel Libeskind (www.expo2015.org).

## Extérieurs

**Duomo** Des flèches gothiques jaillissant dans une profusion de marbre. (p. 26)

**Villa Olmo** Villa néoclassique dotée d'une imposante façade à colonnades et remaniée dans le style moderne. (p. 132)

**Stazione Centrale** Architecture néo-babylonienne incarnant la ferveur nationaliste du fascisme. (p. 82)

**Torre Pirelli** Le chef-d'œuvre moderniste de Ponti dresse vers le ciel sa silhouette fuselée et dynamique. (p. 82)

JOSE FUSTE RAGA/CORBIS ©

## Intérieurs

**Villa Necchi Campiglio** Villa restaurée des années 1930, œuvre de l'architecte rationaliste Piero Portaluppi. (p. 35)

**Chiesa di Santa Maria Presso di San Satiro** L'abside en trompe-l'œil de Bramante joue avec la perspective. (p. 34)

**Fiera Milano** Ce bâtiment impressionnant, tout de verre et d'acier, semble onduler comme une voile (p. 84).

**Chapelle Portinari** La plus belle chapelle Renaissance de Milan, ornée de fresques de Vincenzo Foppa. (p. 108)

**Casa Museo Boschi-di Stefano** Appartement Art déco avec meubles d'après-guerre et œuvres signées De Chirico. (p. 50)

# Envie de... Histoire

Pour les Romains, la Gaule cisalpine ne faisait pas partie de l'Italie. En 222 av. J.-C., ils finirent par prendre la ville à la tribu celte des Insubriens et l'appelèrent Mediolanum (milieu des plaines). Depuis, Milan a accueilli des cours impériales, fourni des armes à divers empires et prospéré grâce à la politique, l'industrie et l'agriculture.

## Vestiges romains

**Civico Museo Archeologico** Présente des objets romains, grecs et étrusques et une maquette de la cité romaine. (p. 98)

**Colonnes San Lorenzo** Ces 16 colonnes en provenance d'un édifice romain forment un cadre très prisé pour l'*aperitivo*. (p. 108)

## Époque médiévale

**Castello Sforzesco** Foyer des familles Visconti et Sforza qui dirigeaient Milan à la Renaissance, il regorge de splendides œuvres d'art. (p. 76)

**Biblioteca Ambrosiana** Elle conserve les carnets de Léonard de Vinci, le prodigieux *Codex Atlanticus*. (p. 34)

**Îles Borromées** Îles-palais de la famille Borromeo, propriétaire des droits de pêche dans le lac Majeur depuis le XVIe siècle. (p. 118)

**Basilica di Sant'Ambrogio** Contient des chefs-d'œuvre médiévaux, un autel de toute beauté, une coupole dorée et la tombe de saint Ambroise, évêque de Milan, saint patron de la ville. (p. 97)

GLYN THOMAS/ALAMY ©

## Période moderne

**Duomo** Napoléon choisit Milan comme capitale de son royaume cisalpin et acheva les travaux du Duomo, où il fut couronné. (p. 26)

**Palazzo Reale** Bombardé en 1939-1945, ce palais des Visconti est devenu un musée où une salle endommagée témoigne des destructions de la guerre. (p. 34)

**Cimitero Monumentale** La bonne société milanaise se fait enterrer dans ce cimetière qui comprend un mémorial aux morts de 1939-1945. (p. 82)

# Envie de... Art

Les musées milanais présentent des collections allant de la Renaissance à l'Arte Povera. On peut souvent admirer un Bellini ou un Caravage sans être gêné par la foule, même dans la plus célèbre galerie de la ville, la Pinacoteca di Brera. L'art du XXᵉ siècle n'est pas oublié : au Museo del Novecento, les travaux des futuristes Umberto Boccioni et Giacomo Balla, réalisés il y a un siècle, semblent toujours aussi novateurs.

## Peintre de cour

Léonard de Vinci (1452-1519) arriva à Milan en provenance de la cour des Médicis en 1482 pour se mettre au service du duc Ludovico Sforza, qui cherchait à faire de sa ville une cité idéale. Avec son *Portrait de jeune homme* (vers 1486) et ses tableaux des maîtresses du duc, *La Dame à l'hermine* (vers 1489) et *La Belle Ferronnière* (vers 1490), conservés dans divers musées européens, il bouscula les conventions de l'époque pour produire des portraits individuels empreints d'un grand naturalisme. Tourné ensuite vers l'idéalisation des proportions et la représentation des émotions (*Saint Jérôme,* vers 1488), son art trouva son aboutissement dans son chef-d'œuvre *La Cène.*

## Art italien moderne

Depuis l'ouverture du Museo del Novecento en 2010, Milan possède enfin un musée d'art moderne digne de ce nom, présentant une extraordinaire collection de peintures italiennes qui comprend le divisionnisme du XIXᵉ siècle, le futurisme et le mouvement Arte Povera des années 1960. La Villa Necchi Campiglio, la collection Jesi de la Pinacoteca di Brera et la Casa Museo Boschi-di Stefano renferment d'autres œuvres remarquables.

NEIL SETCHFIELD/GETTY IMAGES ©

## Fresques

**Il Cenacolo** Pas vraiment une fresque au sens strict, *La Cène* de Léonard de Vinci s'affranchit de toutes les règles. (p. 93)

**Chiesa di San Maurizio** Couverte de fresques éblouissantes peintes sur une période de 70 ans. (p. 97)

**Chapelle Portinari** Figure de la Renaissance en Lombardie, Vincenzo Foppa a réalisé ici ses plus belles peintures. (p. 108)

## Collections historiques

**Musei d'Arte Antica** Dans le Castello Sforzesco, cette collection comprend l'émouvante *Pietà Rondanini* de Michel-Ange (p. 76)

L'*Annonciation* de Vincenzo Foppa (1468)

**Pinacoteca di Brera** De nombreux maîtres italien comme Titien, le Tintoret, Le Caravage et Bellini. (p. 60)

**Museo Poldi Pezzoli** Trésors de la Renaissance dans des salles décorées dans divers styles (p. 46)

**Museo Bagatti Valsecchi** Le palais Bagatti Valsecchi est un hommage au Quattrocento. (p. 51)

## XX^e siècle

**Museo del Novecento** Artistes italiens du XX^e siècle dans un espace de 4 000 m² conçu par Italo Rota. (p. 32)

**Villa Necchi Campiglio** Maison des riches héritières Nedda et Gigina Necchi, elle rassemble des objets d'art de grande qualité. (p. 35)

**Casa Museo Boschi-di Stefano** Des grandes figures de l'art du XX^e siècle dans un appartement dessiné par Piero Portaluppi. (p. 50)

## Fondations privées

**Fondazione Trussardi** Elle crée et organise des expositions contemporaines dans des lieux inhabituels (p. 69).

**Fondazione Prada** La fondation Prada accueille tous les ans deux grandes expositions d'art contemporain. (p. 69)

### Vaut le détour

Au nord-est du centre, le **Hangar Bicocca** (☎ 02 853 531 764 ; www.hangarbicocca.it ; Via Chiese 2 ; ⏰ 11h-19h mar, mer et ven-dim, 14h30-22h jeu ; Ⓜ Sesto Marelli) occupe un ancien site industriel Pirelli. Ses expositions temporaires valent le coup d'œil mais son point fort est l'installation permanente d'Anselm Kiefer, *The Seven Heavenly Palaces*, 7 tours en béton et en plomb hautes de 15 m qui évoquent l'Europe détruite d'après-guerre.

# Envie de... Culture

La cité de Verdi et et de Puccini accueille depuis au moins deux siècles certains des musiciens classiques les plus réputés au monde et abrite les principaux éditeurs de musique d'Italie. Des troupes de théâtre et de danse et des groupes européens et nord-américains s'y arrêtent lors de leurs tournées, et de nombreux festivals culturels s'y tiennent en été.

RICHARD I'ANSON/GETTY IMAGES ©

## Musique classique

**La Scala** Habillez-vous chic pour passer la soirée dans le plus célèbre opéra d'Italie. (p. 30)

**Auditorium di Milano** Foyer du légendaire orchestre Giuseppe Verdi. (p. 112)

**Blue Note** Plus grande et plus prestigieuse salle de jazz de Milan. (p. 87)

**Villa Giulia** Concerts d'été sur les rives du lac Majeur. (p. 125)

## Festivals

**Duomo** Le Carême commence tard à Milan, car le carnaval a lieu le samedi qui suit le Mardi gras, sur la Piazza del Duomo. (p. 26)

**Navigli** Musique, bonne chère et défilés dans le quartier des Navigli, en juin. (p. 104)

**Festival du film de Locarno** Après Cannes et avant Venise, Locarno offre un beau cadre pour des projections en plein air sur la Piazza Grande. (p. 123)

**Basilica di Sant'Ambrogio** Le 7 décembre, le saint patron de Milan est célébré lors d'un grand marché de Noël. (p. 97)

## Événements sportifs

**Giro d'Italia** Applaudissez le maillot rose à l'arrivée de cette célèbre course cycliste, en juin. (p. 134)

**San Siro** Les supporters du Milan AC et de l'Inter affluent au stade pour le début de saison de Ligue 1 en septembre. (p. 98)

**Castello Sforzesco** En novembre, 5 000 coureurs participent au marathon de Milan, dont le départ et l'arrivée se font au château. (p. 76)

## Théâtre

**Piccolo Teatro** Répertoire audacieux axé sur la danse et la *commedia dell'arte*. (p. 38)

**Piccolo Teatro Strehler** Réputé pour être le meilleur théâtre de la ville. (p. 69)

# Envie de... Clubs

Les discothèques couvrent toute la gamme, de la plus commerciale à la plus branchée, mais un effort vestimentaire s'impose partout. L'entrée va de 10 € à plus de 20 €. Si la popularité des boîtes est étonnamment stable (Plastic existe depuis plusieurs décennies), il n'est pas facile de s'informer sur les soirées et les DJ. Le bimensuel *Zero* et Milano2night (www.milano tonight.it) sont d'une grande aide.

## Glamour

**Il Gattopardo** Lustre en cristal et sofas couleur crème dans une ancienne église du XIXe siècle. (p. 86)

**Armani Privé** La clientèle est aussi glamour que le cadre. (p. 55)

**Nuova Idea** Principal club gay de Milan, avec deux pistes, dont l'une pour les danses de salon ! (p. 87)

**Alcatraz** Ouvert par la rock-star italienne Vasco Rossi, ce garage de 1 800 m² draine une foule compacte le week-end. (p. 87)

## Meilleures soirées

**Plastic** Selon Andy Warhol, le club le plus sexy et le plus transgressif de la ville. (p. 111)

**Magazzini Generali** Ambiance musicale pour tous les goûts : house, techno, électro et pop. (p. 111)

## Concerts

**Blue Note** Appartient à un réseau international de clubs de jazz, mais ne dédaigne pas la soul, le blues et la world music. (p. 87)

**La Salumeria della Musica** Accueille de jeunes étoiles montantes et des grosses pointures comme Noel Gallagher et Joss Stone. (p. 112)

GIOVANNI TAGINI/ALAMY ©

## ☑ À savoir

- Venez tard et bien habillé. Vous n'entrerez pas si vous ne faites pas *bella figura*.
- La plupart des clubs accueillent aussi bien les hétéros que les homos. Même dans les bars gays et lesbiens, les hétéros sont très souvent les bienvenus.
- Quelques clubs spécifiquement gays sont regroupés dans la Via Sammartini.

# Envie de... Lacs

Jolis villages, palmiers et bosquets de cyprès : les lacs italiens sont un lieu de villégiature apprécié depuis l'époque où les Romains plantèrent des oliviers et bâtirent les premières villas le long de leurs berges. Par la suite, écrivains, princes, aristocrates et célébrités y ont séjourné, attirés par les grands hôtels de style Liberty et les promenades au bord de l'eau.

JOSE FUSTE RAGA/CORBIS ©

## Activités de plein air

**Aero Club Como** Implanté depuis 1913, cet aéroclub vous fait survoler Bellagio en Cessna. (p. 132)

**Lido di Villa Olmo** Prélassez-vous sur une chaise longue ou rafraîchissez-vous dans l'eau de la piscine la plus charmante du monde. (p. 132)

**Barindelli Boat Tours** Prenez-vous pour James Bond en faisant le tour du lac de Côme dans un bateau en acajou (p. 129).

**Lago Maggiore Express** Suivez la rive du lac Majeur et franchissez les "Cent Vallées" lors de ce trajet en train jusqu'en Suisse. (p. 124)

**Funicolare Como-Brunate** Contemplez le lac de Côme dans un téléphérique aux parois en verre. (p. 132)

## Restaurants

**Taverna del Pittore** *Alta cucina* (haute cuisine) sur une terrasse surplombant le lac Majeur. (p. 123)

**Lo Scalo** Dégustez de la perche sur la jolie promenade pavée de Cannobio. (p. 124)

**Albergo Silvio** Admirez le clocher de Santa Maria et les jardins fleuris de la Villa Carlotta. (p. 134)

**Agriturismo Giacomino** Viandes, fromages, miel et vin de la ferme, avec vue sur la montagne. (p. 135)

## Musées

**Palazzo Borromeo** Dix jardins en terrasse couverts de fleurs et des œuvres de Rubens, Titien et Mantegna. (p. 118)

**Villa Olmo** L'intérieur Liberty de la plus somptueuse villa néoclassique du lac de Côme accueille de grandes expositions d'art. (p. 132)

**Villa Carlotta** Riche en peintures, elle abrite la sculpture en marbre *Psyché ranimée par le baiser de l'Amour*, de Canova. (p. 133)

# Carnet pratique

# Carnet pratique

## Arriver à Milan

### Aéroport de Malpensa

L'**aéroport international de Malpensa** (MXP ; ☎02 7485 2200 ; www.sea-aeroportimilano.it) se trouve à 50 km au nord-ouest du centre-ville.

➡ **Malpensa Express** (☎800 500005 ; www.malpensaexpress.it) Les trains partent toutes les 30 minutes du Terminal 1 pour la Stazione Centrale (10 €, 52 min) et la Stazione Nord (Cadorna ; 11 €, 40 min) entre 6h50 et 21h20. Il existe quelques bus en dehors de ces horaires. Depuis/vers le Terminal 2, vous devez prendre une navette jusqu'à la gare du Terminal 1. Vu la circulation routière, le train est la meilleure option entre Malpensa et Milan.

➡ **Navette Malpensa** (☎02 585 83 185 ; www.malpensashuttle.it ; tarif plein/réduit 10/5 €, 45 min ; ⏲ttes les 20 min entre 5h et 22h30, billetterie 7h-21h) Circule entre l'aéroport et la Piazza Luigi di Savoia, devant la Stazione Centrale, toutes les 20 minutes de 5h à 22h30, toutes les heures environ le reste de la nuit (10 €, 45 min).

➡ **Taxi** Un tarif fixe de 85 € est facturé entre Malpensa et Milan. Le trajet dure 50 minutes hors période de pointe. Pour rejoindre le Terminal 2, le taxi est l'option la plus rapide, vu le peu de dessertes entre les deux terminaux.

### Aéroport de Linate

À 7 km à l'est du centre-ville, l'**aéroport de Linate** (☎renseignements 02 7485 2200 ; www.sea-aeroportimilano.it) accueille les vols européens et intérieurs.

➡ **Navette Linate** (☎02 5858 3185 ; www.malpensashuttle.it ; Piazza Luigi di Savoia ; ⏲billetterie 6h-20h30 jeu-mar, 6h-14h mer) Circule de l'aéroport à la Stazione Centrale toutes les 20 minutes entre 6h30 et 23h30. Les billets s'achètent à bord (5 €, 25 min).

➡ **Bus 73** (www.atm-mi.it ; Piazza San Babila) Ce bus municipal part toutes les 10 à 15 minutes (1,50 €, 20 min) entre 5h30 et 0h30 et fait un arrêt sur la Piazza Dateo. Utilisez un billet de bus ordinaire.

### Stazione Centrale

Les TGV internationaux en provenance de France et de Suisse arrivent à la vaste gare centrale de Milan (Piazza Duca d'Aosta).

➡ Pour rejoindre la Piazza di Duomo, prenez la ligne de métro MM3 jusqu'à la station Duomo.

➡ Pour le château, ligne MM2 jusqu'à Cadorna.

➡ Pour les Navigli, ligne MM2 jusqu'à Porta Genova.

### Depuis la France

En partenariat avec la compagnie italienne **Alitalia** (☎0 892 655 655 ; www.alitalia.com), **Air France** (☎36 54 ; www.airfrance.com) assure des vols réguliers quotidiens depuis Paris et au départ de Bordeaux, Marseille, Lyon, Montpellier, Nantes). À titre d'exemple, pour un aller-retour en classe économique par vols directs, les tarifs débutent autour de 175 € pour un Paris-Milan (1 heure 30). La compagnie *low cost* **Ryanair** (www.ryanair.com ; ☎0 892 562 150) assure également des liaisons entre Paris Beauvais et Milan Bergame autour de 60 € aller-retour. **EasyJet** (www.easyjet.com) offre des vols au départ de Paris à moins de 80 € aller-retour.

La **SNCF** (☎3635 ; www.voyages-sncf.com) assure environ six liaisons quotidiennes en TGV entre Paris-Gare de Lyon et Milan (comptez 120 € et 7 heures 30 pour l'ensemble du trajet).

La compagnie **Thello** (☎01 83 82 00 00 ; www.thello.com ; point de vente à Paris-Gare de Lyon, galerie des Fresques), filiale de Veolia Transdev et de Trenitalia, propose chaque jour, et dans les deux sens, une liaison de nuit entre Paris-Gare de Lyon et Milan (départ de Paris à 19h45, arrivée à la Stazione Centrale à 5h38 ; 23h38-9h29 pour Milan-Paris). Elle offre plusieurs niveaux de confort ; pour tout le trajet, comptez de 35 à 100 € aller (petit-déjeuner inclus) dans un compartiment de 6 couchettes.

### Depuis la Belgique

➡ **Alitalia** (☎02 551 11 22 ; www.alitalia.com) propose des directs Bruxelles-Milan (1 heure 35) à moins de 100 € aller-retour.

➡ **Brussels Airlines** (☎0902 51 600 ; www.brusselsairlines.com) offre des directs à des tarifs promotionnels autour de 80 € aller-retour.

➡ **Ryanair** (www.ryanair.com ; ☎0902 33 660) propose des Bruxelles Charleroi-Milan Bergame à moins de 60 € aller-retour.

### Depuis la Suisse

Au départ de Zurich, **Swiss** (☎0 848 700 700 ; www.swiss.com) dessert Milan. Pour un direct Zurich-Milan (1 heure 35), les tarifs commencent vers 240 FS aller-retour. Des vols sont également assurés depuis Genève.

La **CFF** (☎Rail Service 0900 300 300 ; www.cff.ch) assure des liaisons directes depuis Zurich, Genève ou Bâle pour Milan ; comptez respectivement 3 heures 40 et 24 FS, 3 heures 50 et 24 FS, et 4 heures et 36 FS.

# Comment circuler

Le métro, le tramway et le bus forment un réseau de transports efficace (www.atm-mi.it), mais dans le centre historique il est plus pratique de se déplacer à pied. Malgré leurs itinéraires labyrinthiques, les tramways sont un bon moyen de découvrir un plus vaste périmètre.

## Bateau

☑ **Idéal pour...** Se déplacer sur les lacs Majeur et de Côme en profitant d'une belle vue sans avoir à conduire.

➡ **Navigazione Laghi** (www.navigazionelaghi.it) gère des ferrys et des hydroglisseurs sur les lacs italiens. Horaires, prix et réservations sur le site Internet.

➡ Chaque ville compte une billetterie à côté de l'embarcadère.

➡ Tous les bateaux ne transportent pas les

## Billets et forfaits

Les transports publics milanais sont efficaces et peu coûteux. Les mêmes billets s'utilisent dans le métro, le tramway et le bus, mais on ne peut les acheter que dans les stations de métro et chez les buralistes et les marchands de journaux – jamais auprès du chauffeur. Dans le bus et le tramway, vous devez composter votre billet, sous peine de vous exposer à une amende. Pour simplifier, achetez un billet valable un ou plusieurs jours.

➡ **Billet ordinaire** Validité 90 minutes, 1,50 €

➡ **Billet un jour** Validité 24 heures, 4,50 €

➡ **Billet deux jours** Validité 72 heures, 8,25 €

➡ **Carnet de 10 billets** Validité 90 minutes chacun, 13,80 €

➡ **Billet bagage** Valable pour une valise, 1,50 €

voitures ; renseignez-vous à l'avance sous peine de devoir faire un long trajet au volant le long de la rive.

➡ Il existe des billets touristiques ou des pass de plusieurs jours couvrant un certain nombre de sites. Adressez-vous aux billetteries.

### Métro

☑ **Idéal pour...** Rejoindre rapidement les principaux sites, accéder à la gare routière et explorer des quartiers peu touristiques.

➡ Le **métro** (☎ 800 80 81 81 ; www.atm-mi.it ; 🕒 6h-0h30) compte trois grandes lignes souterraines : la rouge (MM1) circule entre le Duomo, la Porta Venezia, le château, le Corso Magenta et la Fiera, la verte (MM2) entre la Porta Garibaldi, Brera et les Navigli au sud, la jaune (MM3) entre le Quad et la Porta Romana.

➡ Le billet (1,50 €) est valable pour un trajet en métro ou pendant 90 minutes dans les bus et tramways ATM.

➡ Les billets s'achètent aux distributeurs automatiques dans les stations et chez les marchands de journaux et les buralistes.

➡ Il existe plusieurs forfaits intéressants. Voyez *Billets et forfaits* (ci-contre).

### Taxi

☑ **Idéal pour...** Se rendre dans les restaurants chics et au théâtre sans craindre d'abîmer sa tenue, accéder aux endroits mal desservis et se déplacer la nuit.

➡ Le taxi est un moyen de transport fiable mais coûteux (environ 10 € pour un court trajet).

➡ En héler un dans la rue est impossible, il faut aller aux stations officielles, généralement devant les gares ferroviaires, les grands hôtels et les places principales.

➡ Vous pouvez aussi appeler le ☎ 02 40 40, le ☎ 02 69 69 ou le ☎ 02 85 85.

➡ Quand vous commandez un taxi, le compteur tourne dès réception de l'appel et non au moment où vous montez.

➡ Un tarif fixe est facturé pour les aéroports.

### Train

☑ **Idéal pour...** Rejoindre la banlieue de Milan et les lacs.

➡ De Milan, des trains rapides et directs desservent Stresa (rive sud du lac Majeur) et Côme (rive sud du lac de Côme).

➡ Stresa se trouve sur la ligne Domodossola-Milan (7,40 €, 75 min).

➡ Pour la gare San Giovanni de Côme, les départs se font de la Stazione Centrale (15 €, 30 min).

➡ Les trains pour la gare Stazione FNM de Côme (indiquée Como Nord Lago sur les horaires) partent de Cadorna (3,50 €, 1 heure).

## Tramway et bus

☑ **Idéal pour...** Découvrir la ville, rejoindre les sites non desservis par le métro et pour les visiteurs qui ont du mal à marcher sur de longues distances. Un trajet en tramway est aussi une expérience incontournable.

➡ ATM gère le métro et le tramway ainsi qu'un vaste réseau de bus.

➡ Le plan du réseau est disponible aux points d'information ATM et aux kiosques à journaux dans les stations de métro.

➡ Les billets s'achètent dans les stations de métro, chez les buralistes et les marchands de journaux et sont valables dans le bus, le tramway et le métro.

➡ Achetez votre billet à l'avance et compostez-le en montant.

➡ Le billet est valable 90 minutes après le compostage.

➡ Le vieux tramway n°1, orange avec des sièges en bois et des éléments d'origine, suit la Via Settembrini puis traverse le centre historique en empruntant la Via Manzoni et en revenant vers le Castello Sforzesco.

➡ Les tramways n°2 et 3 sont aussi pratiques pour faire du tourisme. Le tramway n°9 circule entre la Porta Genova et la Porta Venezia.

➡ L'insolite TramATMosfera a été transformé en restaurant roulant qui sert un menu de 5 plats en faisant le tour de la ville. Départs de la Piazza Castello à 13h et 20h du mardi au dimanche (65 €).

➡ La nuit, les tramways roulent entre 0h30 et 2h30. Ils s'arrêtent entre 2h30 et 6h du matin.

## Vélo

☑ **Idéal pour...** Explorer le centre historique et le Parco Sempione.

➡ **BikeMi** (www.bikemi.it) est l'équivalent milanais du Vélib'. Il existe des stations dans toute la ville.

➡ Abonnements journaliers, hebdomadaires ou annuels, à acheter sur Internet, par téléphone (✆ 800 80 81 81) ou aux points d'information ATM.

## Voiture et moto

☑ **Idéal pour...** La visite des lacs hors saison, surtout le nord du lac de Côme.

➡ Il ne sert à rien d'avoir une voiture à Milan. Le centre se visite facilement à pied et se garer est un cauchemar. Si vous possédez un véhicule, laissez-le dans un parking gardé (25-40 €/24 heures).

➡ Le stationnement en surface coûte 1,50 €/heure dans le centre. Achetez une carte SostaMilano dans un bureau de tabac, grattez la date et l'heure d'arrivée et posez-la derrière votre pare-brise.

➡ Beaucoup de rues sont piétonnes ou partiellement interdites à la circulation.

➡ Visiter les lacs en voiture est une bonne idée hors saison, mais à éviter l'été et le week-end en raison des embouteillages.

➡ Les hôtels ne possèdent pas tous un parking ; renseignez-vous en réservant. Quand il y en a un, il est généralement facturé 10-15 € la journée.

➡ Si vous êtes pressé par le temps, certains bateaux transportent les voitures entre les principales villes des lacs. Détails et prix sur Internet.

## Astuces pour dépenser moins

Milan est la ville la plus coûteuse d'Italie et l'une des 10 plus chères métropoles du monde. Pour ne pas vous ruiner, voici quelques conseils :

➡ Oubliez les taxis ; prenez le Malpensa Express entre l'aéroport et la ville, puis le métro.

➡ Dans le métro, le bus et le tramway, achetez un forfait d'un ou plusieurs jours.

➡ Achetez une carte SIM pour votre téléphone si vous voulez recevoir des appels ou transférer des données.

➡ Au restaurant, un seul plat suffit. Réservez les repas de plusieurs plats pour le week-end.

➡ Les petites *trattorie* offrent le meilleur rapport qualité/prix. Un cadre chic est synonyme d'addition élevée.

➡ Pour le prix d'un cocktail (8 €), l'*aperitivo* permet de profiter d'un buffet à volonté.

➡ En réservant à l'avance, vous pouvez obtenir les places les moins chères à La Scala (25-40 €).

➡ Certaines activités ne coûtent rien ou presque : admirer le Duomo, faire du lèche-vitrine dans le Quadrilatero d'Oro, pique-niquer dans le Parco Sempione, emprunter le tramway n°1, manger une glace devant San Lorenzo...

# Infos pratiques

## Argent

☑ **Conseil** Très répandus, les distributeurs sont le moyen le plus sûr et le moins coûteux d'obtenir de l'argent liquide. Pour changer des devises, les postes et les banques offrent les meilleurs tarifs. Les bureaux de change ont des horaires plus étendus mais attention à la commission !

### Cartes de crédit

➡ Les plus couramment acceptées sont les cartes Visa et MasterCard, suivies par Cirrus et Maestro. Pour American Express et Diners Club, renseignez-vous à l'avance.

### Pourboire

➡ Si le service n'est pas inclus dans l'addition, laissez 10 à 15% de pourboire. S'il l'est mais que vous êtes satisfait, laissez quand même un petit quelque chose. Dans les bars, on donne généralement une pièce de 0,10 ou 0,20 €. Le pourboire n'est pas d'usage pour les chauffeurs de taxi. En revanche, n'oubliez pas les bagagistes et employés des grands hôtels.

## Climat

➡ **Hiver (nov-mars)** La fête de saint Ambroise annonce le début de la saison d'opéra. C'est ensuite l'Épiphanie, avec

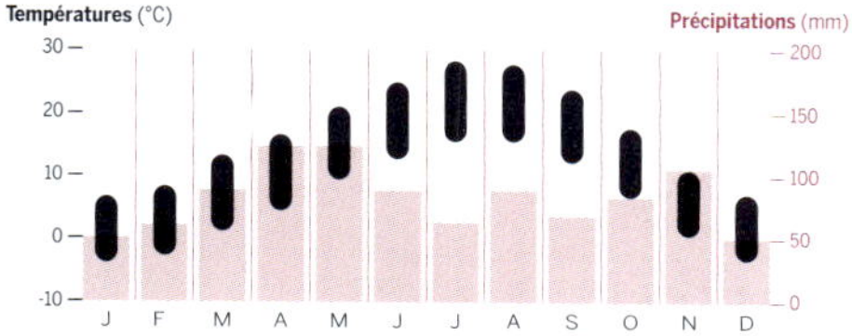


la procession des Rois Mages, puis le carnaval en février.

- **Printemps (avr-juin)** En avril, le Salon du meuble transforme Milan en fourmilière. Préférez la douceur de l'air au bord des lacs et leurs jardins en fleurs.
- **Été (juil-août)** La plupart des Milanais fuient la chaleur en partant pour les lacs ou la montagne.
- **Automne (sept-oct)** La douceur de l'automne est synonyme d'expositions et de défilés de mode.

## Désagréments et dangers

Milan est une destination sûre mais, comme dans toutes les grandes villes, il y a des pickpockets, surtout dans les gares ferroviaires et sur la Piazza del Duomo. Si vous êtes victime d'un vol ou d'un délit, portez plainte au poste de police le plus proche et remplissez les formulaires adéquats pour votre assurance. En cas de perte ou de vol de votre pièce d'identité, contactez votre ambassade.

## Électricité

Prises standard à deux fiches rondes :

- Voltage 220 V
- Fréquence 50 Hz
- Courant alternatif

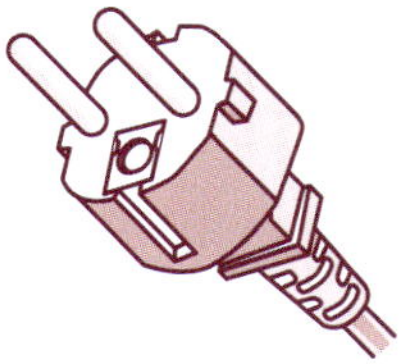

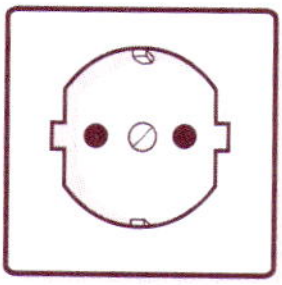

120 V/50 Hz

## Heures d'ouverture

☑ **Conseil** Le lundi, beaucoup de boutiques et de restaurants sont fermés ou n'ouvrent que de 15h à 19h. Tous les musées municipaux sont aussi fermés le lundi. Les petits commerces ferment souvent en août.

Sauf mention contraire, les heures d'ouverture habituelles sont les suivantes :

- **Banques** 8h30-13h30 et 15h30-16h30 du lundi au vendredi
- **Cafés et bars** 7h-23h
- **Restaurants** 12h-15h et 19h-23h du mardi au dimanche ; certains ferment le dimanche soir.
- **Magasins** 10h-19h du mardi au samedi ; certaines petites boutiques ferment à midi.
- **Discothèques** 22h-5h

## Jours fériés

☑ **Conseil** Si vous venez à Pâques, remplissez votre frigo ou réservez au restaurant pour le déjeuner du dimanche.

Les banques, les bureaux et certains magasins ferment les jours fériés. Les restaurants, les musées et les sites touristiques restent généralement ouverts.

- **Nouvel An** 1er janvier
- **Épiphanie** 6 janvier
- **Lundi de Pâques** mars/avril

- **Jour de la Libération** 25 avril
- **Fête du Travail** 1er mai
- **Fête de la République** 2 juin
- **Assomption** 15 août
- **Toussaint** 1er novembre
- **Festa di Sant'Ambrogio** 7 décembre
- **Immaculée Conception** 8 décembre
- **Noël** 25 décembre
- **Festa di San Stefano (Saint-Étienne)** 26 décembre

## Offices du tourisme

L'**Office central du tourisme** (Plan p. 74, D5 ; ☎02 7740 4343 ; www.provincia.milano.it/turismo ; Piazza Castello 1 ; ⏰9h-18h lun-ven, 9h-13h30 et 14h-18h sam, 9h-13h et 14h-17h dim ; Ⓜ Cairoli) fournit d'innombrables cartes, brochures et idées d'excursions et dispose d'une liste d'hébergements mais ne s'occupe pas des réservations. **Welcome Desk Meeting Milan** possède des comptoirs à **Linate** (☎ 02 702 00 443 ; aéroport de Linate ; ⏰7h30-23h30) et **Malpensa** (☎ 02 5858 0080 ; Terminal 1, aéroport de Malpensa ; ⏰8h-20h), ainsi qu'à la Stazione Centrale.

## Téléphone

☑ **Conseil** Pour appeler à bas prix ou être joignable facilement, procurez-vous une carte SIM italienne pour votre téléphone portable. On peut en acheter une et l'activer dans toutes les boutiques de téléphonie mobile.

- L'Italie utilise le système GSM 900/1800, compatible avec le reste de l'Europe.

### Téléphones portables

- Pour acheter une carte SIM, vous devrez présenter une pièce d'identité et donner l'adresse de votre hôtel.
- Les principaux opérateurs sont TIM (Telecom Italia Mobile), Wind et Vodafone.

### Indicatifs

- L'indicatif de l'Italie est le 39. Celui de Milan est le 02. Il fait partie intégrante du numéro et doit toujours être composé.
- Les numéros de téléphone portable commencent par un préfixe à trois chiffres tel que 330.
- Les numéros verts (gratuits), appelés *numeri verdi*, commencent généralement par 800.

### Numéros utiles

- Pour les renseignements, faites le ☎12.
- Voir aussi *Urgences* (ci-dessous)

## Voyageurs handicapés

Milan n'est pas une ville très pratique pour les handicapés. Toutefois, ATM a récemment mis en circulation des bus à plancher surbaissé sur beaucoup de lignes pour les personnes en fauteuil roulant et quelques stations de métro sont pourvues d'ascenseurs. Pour plus de détails, consultez **Milano Per Tutti** (www.milanopertutti.it).

## Urgences

- **Pharmacie 24h/24** (☎02 669 09 35 ; Stazione Centrale, niveau supérieur)
- **Ambulance** (☎118)
- **Carabinieri** (☎112)
- **Police touristique** (☎02 86 37 01)
- **Numéro d'urgence européen** (☎112)
- **Pompiers** (☎115)
- **Police municipale** (☎02 77 271)

# Hébergement

Ville industrielle fréquentée par une clientèle d'affaires, Milan compte de nombreux hôtels haut de gamme et peu d'adresses bon marché.

Si vous venez durant le Salon du meuble ou les défilés de mode, réservez au moins un mois à l'avance, sinon plus.

Certains hôtels de bon standing situés près de la Fiera ne sont guère pratiques pour faire du tourisme. Prenez un établissement à l'intérieur du second boulevard circulaire.

Les hôtels petits budgets se trouvent autour de la gare centrale et dans les Navigli. Dans ce dernier quartier, évitez le voisinage immédiat des discothèques.

Si vous cherchez du cachet, un bon rapport qualité/prix et une ambiance calme, voyez Brera, San Babila, les environs des Giardini Pubblici et le Corso Venezia.

## Catégorie petits budgets

### Hotel Casa Mia

**02 657 52 49 ; www.hotelcasamiamilano.it ; Viale Vittorio Veneto 30 ; s/d 62/85 € ;**

Niché en amont de la Piazza della Repubblica, le Casa Mia est un établissement basique bien situé à mi-chemin de la Stazione Centrale et du Duomo, en face des Giardini Pubblici. La récente rénovation du Casa Mia a donné aux chambres un nouvel éclat.

### La Cordata

**02 5831 4675 ; www.ostellolacordata.com ; Via Burigozzo 11 ; dort/s/d 23/60/80 € ; @**

Sobres dans l'ensemble, les chambres de cette auberge de jeunesse sont rehaussées de quelques touches de design.

### Hotel Elena

**0323 3 10 43 ; www.hotelelena.com ; Piazza Cadorna 15, Stresa ; s/d 55/80 € ; P**

Cet hôtel à l'ancienne de Stresa, sur la rive ouest du lac Majeur, prend ses aises sur une grande place piétonne. Toutes les chambres, confortables, disposent de parquet et d'un balcon – parfois surplombant la place. Accessible aux fauteuils roulants.

### Ostello Villa Olmo

**031 57 38 00 ; ostellocomo@tin.it ; Via di Bellinzona 6, Côme ; dort avec petit-déj inclus 20 € ; réception 7h-10h et 16h-24h, fermé déc-fév ; P**

Cette auberge de jeunesse, située dans un jardin près du lac de Côme, est voisine d'une villa classée du même nom. Ambiance sympathique au bar (on ne sert plus après 22h). Repas 10 €. L'auberge est à 1 km de la gare ferroviaire principale. Prenez le bus (ligne n°1, 6 ou 11).

## Catégorie moyenne

### Tara Verde

**02 3653 4959 ; www.taraverde.it ; Via Delleani 22 ; s 100-110 €, d 129 € ; @**

Un B&B bohème offrant trois chambres bigarrées dans un *palazzo* du XIXe siècle.

### Foresteria Monforte

**02 7631 8516 ; www.foresteriamonforte.it ; Piazza del Tricolore 2 ; d 150-250 €**

Fauteuils Philippe Starck et écrans plats décorent les trois chambres chics de ce B&B haut de gamme à quelques pas du Duomo. Le petit-déjeuner est servi dans les chambres. Cuisine commune.

### Alle Meraviglie

**02 805 10 23 ; www.allemeraviglie.it ; Via San Tomaso 8 ; d 180-247 € ; P ❄ wifi**

Hôtel de charme dont les chambres sont décorées de tissus milanais et de bouquets de fleurs fraîches.

### Antica Locanda Leonardo

**02 4801 4197 ; www.anticalocandaleonardo.com ; Corso Magenta 78 ; s 120 €, d 165-245 € ; ❄ wifi**

Les chambres d'hôtes de l'Antica Locanda Leonardo respirent le confort d'un foyer accueillant. Aucune faute de goût, des meubles anciens au parquet, en passant par les rideaux somptueux. Prenez votre petit-déjeuner dans le jardin intérieurde cette demeure du XIX^e siècle.

### Vietnamonamour

**02 7063 4614 ; www.vietnamonamour.com ; Via Alessandro Pestalozza 7 ; s 80-100 €, d 100-120 € ; ❄ wifi**

De beaux parquets et du mobilier asiatique plantent le décor dans cette résidence de 1903, devenue B&B. Outre 4 chambres romantiques, le propriétaire (un Vietnamien né à Paris) possède également un restaurant vietnamien accueillant au rez-de-chaussée.

### Hotel Pironi

**0323 7 06 24 ; www.pironihotel.it ; Via Marconi 35, Cannobio ; s 100-120 €, d 130-180 € ; P**

Au cœur du centre historique de Cannobio, au bord du lac Majeur, cet ancien monastère du XV^e siècle qui devint par la suite la résidence de la famille Pironi est un hôtel agréable. Ses murs épais abritent des chambres rénovées avec goût – certaines ont vue sur le lac.

### Albergo Silvio

**031 95 03 22 ; www.bellagiosilvio.com ; Via Carcano 12, Bellagio ; d 80-160 € ; mars à mi-nov et semaine de Noël ; P ❄ wifi piscine**

Dominant le petit village de Loppia, à deux pas du centre de Bellagio, cet hôtel présente le meilleur rapport qualité/prix de la ville. Les chambres à la décoration contemporaine donnant sur le lac de Côme ont également vue sur les jardins de la Villa Melzi et la Villa Carlotta. Les clients bénéficient d'un accès gratuit au *lido* et à son plongeoir sur le lac.

## Catégorie supérieure

### Locanda Solferino

**02 657 01 29 ; www.anticalocandasolferino.it ; Via Castelfidardo 2 ; s 140-270 €, d 180-400 € ; P ❄ wifi**

Peu connue, cette perle du quartier de Brera est un refuge idéal. Ses 11 chambres sont décorées de gravures du début du XX^e siècle, de rideaux en broderie anglaise et de mobilier d'époque pour un effet romantique garanti. On peut également louer un appartement pour deux personnes et s'offrir un voyage dans les années 1960.

## Appartements, B&B, villas...

➡ **Bellavista** (☎ 01 42 55 41 92 ; www.bellavista-villas.com). Villas et demeures de charme à louer dans la région des lacs.

➡ **B&B Italia** (www.bbitalia.it) Site spécialisé dans les B&B (25 à 75 €/pers).

➡ **Casa d'Arno** (☎ 01 44 64 86 00 ; www.casadarno.com). Agence de location de villas dans la région des lacs.

➡ **Homelidays** (www.homelidays.com). Appartements et studios à louer directement auprès des propriétaires milanais.

➡ **Hotels in Milan** (www.hotelsinmilan.it) Principal site de réservations d'hôtels et de B&B.

➡ **Interhome** (☎ 0805 650 350 ; www.interhome.fr). Locations d'appartements à Milan.

### Hotel Spadari Duomo

**☎ 02 7200 2371 ; www.spadarihotel.com ; Via Spadari 11 ; d 185-345 € ;** ❄ 📶

Premier hôtel design de Milan, le Spadari a fait de ses chambres des galeries d'art. Le bâtiment a été dessiné par les architectes Urbano Pierini et Ugo La Pietra. Tout ici porte leur signature.

### 3Rooms

**☎ 02 62 61 63 ; www.10corsocomo.com ; Corso Como 10 ; d 270-340 € ;** P ❄ @ 📶

Si le concept store Corso Como agit sur vous comme un aimant, offrez-vous une nuit dans une de ses 3 suites *palazzo* luxueuses. On y dort lové sous un couvre-lit Eames, et on s'y assoit sur des chaises signées Arne Jacobsen pour siroter un thé préparé avec une bouilloire Porsche. Ces objets sont en vente à la réception.

### Albergo Terminus

**☎ 031 32 91 11 ; www.hotelterminus-como.it ; Lungo Lario Trieste 14, Côme ; s 145-195 €, d 150-240 € ;** P ❄ 📶

Ancien *palazzo* datant du XIXe siècle, l'Albergo Terminus a gardé son charme Belle Époque, auquel s'ajoutent des éléments architecturaux Art nouveau, des chaises damassées, des tapisseries grandioses et des rideaux à festons. Les couleurs douces et les tissus de Côme des chambres prolongent le style.

### Villa Aminta

**☎ 0323 93 38 18 ; www.villa-aminta.it ; Via Sempione Nord 123, Stresa ; d 295-440 € ;** P ❄ 📶 🏊

La luxueuse villa Aminta incarne l'architecture de la Belle Époque. On y jouit d'une vue parfaite sur l'Isola Bella (lac Majeur). Les chambres, ornées de lustres de Murano, de rideaux de soie, de kilomètres de velours et de dorures, évoquent résolument l'opulence du Palazzo Borromeo. Plage privée, piscine chauffée, salle de gym et navette pour Stresa.

# Langue

L'italien est la langue nationale, parlée dans tout le pays. Les dialectes constituent une part importante de l'identité régionale, mais vous n'aurez pas de mal à communiquer si vous vous exprimez en italien.

Tous les sons employés en italien existent en français. En lisant les prononciations indiquées ci-dessous comme s'il s'agissait de français, vous vous ferez comprendre. L'accent tonique est indiqué en italique. Notez aussi qu'il faut rouler les *r*.

Vous trouverez un guide de conversation italien sur **lonelyplanet.fr**. Il en existe également une version pour iPhone, téléchargeable via l'Apple Store.

## Conversation et salutations

**Bonjour.**
*Buongiorno.* buonn·*djor*·no

**Au revoir.**
*Arrivederci.* a·ri·vé·*dèr*·tchi

**Comment allez-vous ?**
*Come sta ?* *ko*·mé sta

**Bien. Et vous ?**
*Bene. E Lei ?* *bé*·né é *léi*

**S'il vous plaît.**
*Per favore.* pèr fa·*vo*·ré

**Merci.**
*Grazie.* *gra*·tsié

**Pardon.**
*Mi scusi.* mi *skou*·zi

**Pardon (Je suis désolé).**
Mi dispiace. mi dis·*pia*·tché

**Oui./Non.**
*Sì./No.* si/no

**Je ne comprends pas.**
*Non capisco.* nonn ka·*pi*·sko

**Parlez-vous français ?**
*Parla francese ?* *par*·la fran·*tché*·zé

## Au restaurant

| **Je voudrais...** | *Vorrei...* | vo·*réi*.. |
|---|---|---|
| **un café** | *un caffè* | oun ka·*fé* |
| **une table** | *un tavolo* | oun *ta*·vo·lo |
| **la carte** | *il menù* | il mé·*nou* |
| **deux bières** | *due birre* | *dou*·é *bi*·ré |

**Que me conseillez-vous ?**
*Cosa mi* consiglia ? *ko*·za mi kon·*si*·lia

**Bon appétit !**
*Buon appetito !* buonn a·pé·*ti*·to

**C'était déicieux !**
*Era squisito !* é·ra skoui·*zi*·to

**Santé !**
*Salute !* sa·*lou*·té

**L'addition, s'il vous plaît.**
*Mi porti il conto, per favore ?* mi *por*·ti il *kon*·to pèr fa·*vo*·ré

## Achats

**Je voudrais acheter...**
*Vorrei comprare...* vo·*réi* komm·*pra*·ré..

**Je regarde seulement.**
*Sto solo guardando* sto *so*·lo gouar·*dann*·do

**Combien ça coûte ?**
*Quanto costa questo ?* kouann·to kos·ta koué·sto

**C'est trop cher.**
*È troppo caro/ cara.* (m/f) é tro·po ka·ro/ cara. ka·ra

## Urgences

**Au secours !**
*Aiuto !* a·iou·to

**Appelez la police!**
*Chiami la la polizia !* kia·mi po·li·tsi·ya

**Appelez un médecin !**
*Chiami un medico !* kia·mi oun mé·di·ko

**Je suis malade.**
*Mi sento male.* mi sèn·to ma·lé

**Je suis perdu.**
*Mi sono perso/ pèrsa.* (m/f) mi so·no pèr·so/ per·sa

**Où sont les toilettes ?**
*Dove sono i gabinetti ?* do·vé so·no i ga·bi·né·ti

## Heure et nombres

**Quelle heure est-il ?**
*Che ora è ?* ké o·ra è

**Il est (deux) heures.**
*Sono le (due).* so·no lé (dou·é)

| | | |
|---|---|---|
| **matin** | *mattina* | ma·ti·na |
| **après-midi** | *pomeriggio* | po·mé·ri·djo |
| **soir** | *sera* | sé·ra |
| **hier** | *ieri* | ié·ri |
| **aujourd'hui** | *oggi* | o·dji |
| **demain** | *domani* | do·ma·ni |

| | | |
|---|---|---|
| **1** | *uno* | ou·no |
| **2** | *due* | dou·é |
| **3** | *tre* | tré |
| **4** | *quattro* | koua·tro |
| **5** | *cinque* | tchinn·koué |
| **6** | *sei* | séi |
| **7** | *sette* | sè·té |
| **8** | *otto* | o·to |
| **9** | *nove* | no·vé |
| **10** | *dieci* | dié·tchi |
| **100** | *cento* | tchèn·to |
| **1000** | *mille* | mi·lé |

## Transports et directions

**Ou est ...?**
*Dov'è ?* do·vè ...

**Quelle est l'adresse ?**
*Qual'è l'indirizzo ?* koua·lè linn·di·ri·tso

**Pouvez-vous me montrer (sur la carte) ?**
*Può mostrarmi (sulla pianta)?* pouo mos·trar·mi (sou·la piann·ta)

**À quelle heure part ?**
*A che ora parte... ?* a ké o·ra par·té

**S'arrête-on à ?**
*Si ferma a... ?* si fèr·ma a...

**Comment puis-je y aller ?**
*Come ci si arriva ?* ko·mé tchi si a·ri·va ?

| | | |
|---|---|---|
| **bus** | *autobus* | aou·to·bous |
| **billet** | *biglietto* | bi·lié·to |
| **horaire** | *orario* | o·ra·rio |
| **train** | *il treno* | il tré·no |

# Index

**Voir aussi les index des rubriques :**

**Se restaurer p. 173**

**Prendre un verre p. 173**

**Sortir p. 174**

**Shopping p. 174**

**Se loger p. 174**



Référence des **sites**
Référence des **cartes**

## Sortir



## Shopping



## Se loger

### Petits budgets



### Catégorie moyenne



### Catégorie supérieure

# L'auteur

## Paula Hardy

Paula contribue aux ouvrages de Lonely Planet sur l'Italie depuis plus de 10 ans. Elle a travaillé sur cinq éditions du guide *Italie*, coordonné la 1re édition de *Puglia & Basilicata* (non traduit en français) et rédigé plusieurs éditions des guides *Sicile* et *Sardaigne*. En voyage à travers *lo Stivale* (la Botte), ses premiers souvenirs de Milan sont l'ambiance survoltée du Salon du meuble, une baignade dans des eaux glaciales et l'inutilité de sa valise pleine de chaussures habillées. Ainsi échaudée, elle se concentre aujourd'hui sur la scène artistique, le design et les randonnées dans la montagne. Ex-éditrice et productrice, elle met aussi sa plume au service de sites web et de publications de voyage. Suivez ses tweets sur @paula6hardy.

**Milan et les lacs en quelques jours**
2e édition
Traduit et adapté de l'ouvrage *Milan & the lakes Pocket, 2nd edition, January 2013*

Dépôt légal Mars 2013
ISBN 978-2-81613-330-1
Imprimé par L.E.G.O. Spa (Legatoria Editoriale Giovanni Olivotto), Italie
Réimpression 02, janvier 2014

En Voyage Éditions | un département place des éditeurs

# En coulisses

## Vos réactions ?

Vos commentaires nous sont très précieux pour améliorer nos guides. Notre équipe lit vos lettres avec la plus grande attention et prend en compte vos remarques pour les prochaines mises à jour. Pour nous faire part de vos réactions, prendre connaissance de notre catalogue et vous abonner à notre newsletter, consultez notre site Internet : **www.lonelyplanet.fr**

Nous reprenons parfois des extraits de notre courrier pour les publier dans nos guides ou sites web. Si vous ne souhaitez pas que vos commentaires soient repris ou que votre nom apparaisse, merci de nous le préciser. Notre politique en matière de confidentialité est disponible sur notre site Internet.


## Remerciements de l'auteur

Les portes se sont ouvertes à Milan et ailleurs grâce à la générosité de Claudio et Paola Bonacina, Paola Cairo, Angelo Proietti, Isabella Albertazzi, Dario Monti, Marco Roverso, Emanuele Ficchì, Deborah Favaron, Sabrina Landini et Giovanni, à Foresteria Monforte. Merci également à Rob d'être aussi gourmet que galant.


## Crédits photographiques

Photographie de couverture : Sur le toit du Duomo de Milan, Hauke Dressier/ Getty Images.
La plupart des photos publiées dans ce guide sont disponibles auprès de Lonely Planet Images :
www.lonelyplanetimages.com


## À propos de cet ouvrage

Cette 2e édition française de *Milan et les lacs* est une traduction-adaptation de la 2e édition *Milan & The Lakes Pocket* commandée par le bureau de Londres et mise à jour par Paula Hardy. L'édition précédente était l'œuvre de Donna Wheeler.

**Traduction** Hélène Demazure et Karine Thuillier

**Direction éditoriale** Didier Férat

**Coordination éditoriale** Sophie Senart

**Responsable prépresse** Jean-Noël Doan

**Maquette** David Guittet

**Cartographie** cartes originales adaptées en français par Nicolas Chauveau

**Couverture** adaptée en français par Annabelle Henry

**Merci à** Françoise Blondel pour sa relecture attentive du texte,

MARIAE
NASCENTI

## Milan et les lacs selon ses envies 139

### Les plus belles balades



### Envie de...



## Carnet pratique 157



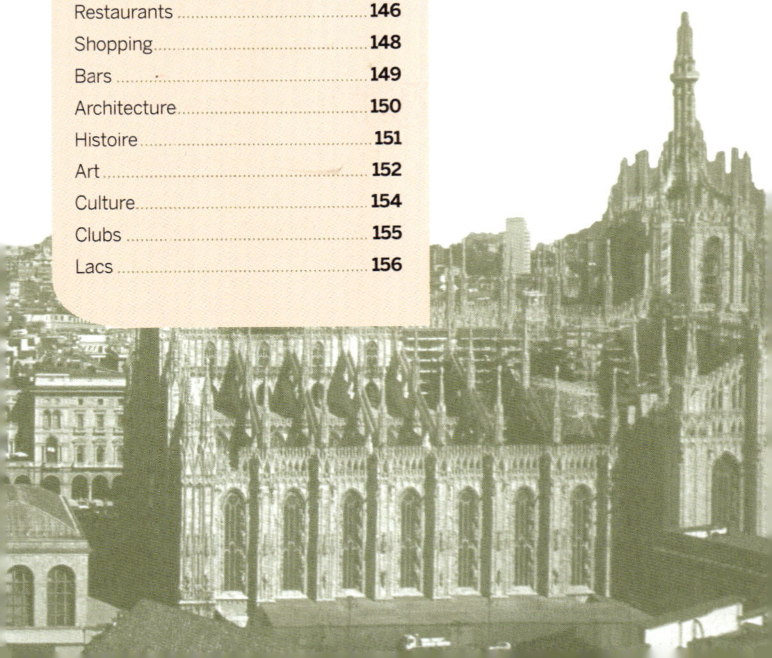

## L'essentiel 7



## Explorer Milan et les lacs 21



### Vaut le détour

## Notre sélection de lieux et d'adresses

- **Voir**
- **Se restaurer**
- **Prendre un verre**
- **Sortir**
- **Shopping**

## Légende des symboles

- Numéro de téléphone
- Horaires d'ouverture
- Parking
- Non-fumeurs
- Accès Internet
- Wi-Fi
- Végétarien
- Menu en anglais
- Familles bienvenues
- Animaux acceptés
- Bus
- Ferry
- Métro
- Tramway
- Train

## Retrouvez facilement chaque adresse sur les plans de quartiers

# Milan et les lacs En quelques jours

Les guides En quelques jours édités par Lonely Planet sont conçus pour vous amener au cœur d'une ville.

Vous y trouverez tous les sites à ne pas manquer, ainsi que des conseils pour profiter de chacune de vos visites. Nous avons divisé la ville en quartiers, accompagnés de plans clairs pour un repérage facile. Nos auteurs expérimentés ont déniché les meilleures adresses dans chaque ville : restaurants, boutiques, bars et clubs... Et pour aller plus loin, découvrez les endroits les plus insolites et authentiques de Milan dans les pages "100% milanais".

Ce guide contient également tous les conseils pratiques pour éviter les casse-tête : itinéraires pour visites courtes, moyens de transport, montant des pourboires, etc.

Grâce à toutes ces infos, soyez sûr de passer un séjour mémorable.

## Notre engagement

Les auteurs Lonely Planet visitent en personne, pour chaque édition, les lieux dont ils s'appliquent à faire un compte-rendu précis. Ils ne bénéficient en aucun cas de rétribution ou de réduction de prix en échange de leurs commentaires.